U0673673

工程造价改革系列丛书

工程造价改革试点项目案例精选

广东省工程造价协会　主编

中国建筑工业出版社

图书在版编目（CIP）数据

工程造价改革试点项目案例精选/广东省工程造价
协会主编. —北京：中国建筑工业出版社，2022.4（2023.12 重印）
（工程造价改革系列丛书）
ISBN 978-7-112-27279-2

Ⅰ.①工…　Ⅱ.①广…　Ⅲ.①工程造价-经济改革-
案例-汇编-广东　Ⅳ.①F285

中国版本图书馆 CIP 数据核字（2022）第 058250 号

责任编辑：周娟华
责任校对：李美娜

工程造价改革系列丛书
工程造价改革试点项目案例精选
广东省工程造价协会　主编

*

中国建筑工业出版社出版、发行（北京海淀三里河路 9 号）
各地新华书店、建筑书店经销
北京科地亚盟排版公司制版
北京中科印刷有限公司印刷

*

开本：787 毫米×1092 毫米　1/16　印张：12¾　字数：267 千字
2022 年 5 月第一版　　2023 年 12 月第三次印刷
定价：**78.00** 元
ISBN 978-7-112-27279-2
（39133）

本书编委会

主　　审：卢立明　许锡雁

主　　编：孙　权　只　飞

副 主 编：周　斌　赵文靖

编 制 人（按章节顺序）：

杨树荣	来丹生	陶兴友	韩春玲	吴文天	李　燕
李美云	周舜英	许　畅	丁　洁	秦真营	肖汉文
肖汉元	黄士显	崔锡林	尚淼淼	葛继杰	吴立丰
马　东	金　鑫	兰东胜	于　淼	王云祥	邹　璐
周　军	赵　波	熊　飞	李曼娜	许爱斌	王国健
胡桂英	谢赛民	何洁彦			

审 核 人（排名不分先后）：

查世伟	高　峰	苏惠宁	彭　明	顾伟传	王　军
杨　玲	丘　文	黄凯云	张艳平	陈曼文	黎华权
陈金海	章拥军	王　巍	黄华英	吴慧博	马九红
张思中					

参编单位（排名不分先后）：

广东拓腾工程造价咨询有限公司

广联达科技股份有限公司

广东省建设工程标准定额站

广东省工程造价协会

广州市建设工程造价管理站

广州市重点公共建设项目管理中心

东莞市工程造价行业协会

广州易达建信科技开发有限公司

华联世纪工程咨询股份有限公司

永道工程咨询有限公司

广东泰通伟业工程咨询有限公司

美的置业集团有限公司

塔比星信息技术（深圳）有限公司

广东省建筑设计研究院有限公司

中国建筑第四工程局有限公司

为了充分发挥市场在资源配置中的决定性作用，进一步推进工程造价市场化改革，住房和城乡建设部在全国房地产开发项目，以及北京市、浙江省、湖北省、广东省、广西壮族自治区有条件的国有资金投资的房屋建筑、市政公用工程项目进行工程造价改革试点。

广东省住房和城乡建设厅在建设单位自主申报项目和各地市住房城乡建设主管部门推荐项目中，目前已经审核确定了 59 个广东省工程造价改革试点项目，详见本书附录。引导试点项目创新计价方式，改进工程计量和计价规则，创新工程计价依据发布机制，强化建设单位造价管控责任，严格施工合同履约管理，探索工程造价纠纷的市场化解决途径，完善协同监管机制。正确处理政府与市场的关系，大力推行清单计量、市场询价、自主报价、竞争定价的工程计价方式，加快完善工程造价市场形成机制，全面推行施工过程结算，为提高项目投资效益、保障工程质量安全、维护建筑市场秩序提供更有力的支撑。

《工程造价改革试点项目案例精选》作为工程造价改革系列丛书之一，系广东省工程造价协会组织有关专家，对试点项目特定阶段和试点范围内典型案例进行凝练与总结，对试点项目行之有效的做法进行详细介绍，更对相关试点项目背景、存在的问题、取得的成效和启示等进行全面深入分析和反思，为工程造价改革带来一定的启发，也能为造价学术界提供相关研究的参考素材，同时也能够为工程造价改革的政策制定提供一定的实践依据。

由于工程造价市场化改革牵一发而动全身，涉及方方面面，编者水平和时间有限，书中难免有不当之处，敬请读者批评指正。

目　录

第一章

运用造价大数据和 BIM 技术的工程量清单计价办法
——以广州医科大学新造校区二期工程 A3 博士生宿舍楼为例

（广州市建设工程造价管理站　广州市重点公共建设项目管理中心）

广州医科大学新造校区二期工程学生宿舍区中的 A3 博士生宿舍楼是广州市第一个工程造价改革试点项目（以下简称试点项目）。2020 年 7 月启动试点项目工作，2021 年 9 月完成结构封顶。试点项目的造价改革工作落点在招标投标阶段，主要有：以"改进工程计量和计价规则"为切入点，实施实物量计量以及清单指标计价应用；完善与实物量计量以及清单指标计价应用配套的招标文件；规范最高投标限价公布的内容，推动投标人根据自身的实际成本竞争报价。

一、试点项目背景

2014 年，《住房城乡建设部关于进一步推进工程造价管理改革的指导意见》（建标〔2014〕142 号）中提出"健全市场决定工程造价机制，建立与市场经济相适应的工程造价管理体系"。广州市住房和城乡建设局（以下简称市住建局）争做排头兵，积极响应，根据《国务院办公厅关于促进建筑业持续健康发展的意见》（国办发〔2017〕19 号）《国务院关于印发促进大数据发展行动纲要的通知》（国发〔2015〕50 号）《广东省住房和城乡建设厅关于开展建筑信息模型 BIM 技术推广应用工作的通知》（粤建科函〔2014〕1652 号）等文件精神，2017 年实施建设了广州市建设工程造价大数据统计与分析平台，2019 年积极推动广州市 CIM 平台的建设和 BIM 技术的推广和应用。目前，广州市建设工程造价大数据统计与分析平台、CIM 平台建设初显成效。BIM 技术的推广应用得到了建设行业各方的高度重视和积极响应，为造价改革工作提供了充分的技术和数据准备。

2020 年 7 月，住房和城乡建设部发布了《住房和城乡建设部办公厅关于印发工程造价改革工作方案的通知》（建办标〔2020〕38 号），进一步推进工程造价市场化改革，决定在全国房地产开发项目，以及北京市、浙江省、湖北省、广东省、广西壮族自治区有条件的国有资金投资的房屋建筑、市政公用工程项目进行工程造价改革试点；提出了改进工程计量和计价规则、完善工程计价依据发布机制、加强工程造价数据积累、强化建设单位造价管控责任、严格施工合同履约管理五个主要任务。

二、试点项目组织情况

在市住建局指导下，广州市建设工程造价管理站（以下简称市造价站），积极思考、大胆探索，大力推进造价改革方案的落地和实施。试点工作按照"试点先行、稳步推进"的原则，逐步完善我市工程造价市场化形成机制。2020 年 6 月，经与广州市重点公共建设项目管理中心（以下简称管理中心）商议决定，由管理中心提供广州医科大学新造校区二期工程学生宿舍区中的 A3 博士生宿舍楼作为试点项目，由市造价站牵头，联合管理中心、市造价行业协会及成员单位实践改革内容。2020 年 7 月，组织召开了试点工作启动会。

三、试点项目概况

广州医科大学新造校区位于新造镇东侧，新化快速路以南、新造大道以西、广桥大道以北的临江地带，与大学城华工、广药校区隔江相望。二期工程选址位于一期工程建设用地北侧，北至新化快速南侧、南至一期工程已征用地红线、西至规划滨河路、东至 S296 省道边线。校区总用地面积为 27.91 万 m²，建设内容主要包括科创中心、学术交流中心、科技大楼、学生宿舍、人才公寓、留学生公寓、后勤及附属用房，以及道路广场、绿化、公用工程等配套设施。总建筑面积约 16.39 万 m²，总投资为 28.79 亿元，其中建设用地费 18.64 亿元，工程费用 8.69 亿元，工程建设其他费用 0.99 亿元，基本预备费 0.48 亿元。

试点项目博士生宿舍楼位于校区建设地块中心，建筑面积 9630m²，总高度 27m，为六层框架结构，总工期为 662 天，可研批复的建安费用为 2540 万元。建设内容包括土建、装修、给水排水、电气、空调、消防、智能化等，其中混凝土墙、楼板和楼梯使用装配式构件施工，装配率达 50%。

广州医科大学新造校区于 2020 年 8 月上旬招标，2020 年 10 月 28 日项目管理中心与广州建筑股份有限公司签订施工合同，2020 年 12 月取得施工许可。2021 年 9 月试点项目结构封顶。施工期间，改革内容落实顺利。

四、运用造价大数据和 BIM 技术的清单工程量计价办法

（一）实物工程量计量

1. 实物工程量计量

实物工程量计量指"所见即所得"，按物体的实际图示尺寸计量，可以解决定额计量中各种增减规则造成的计算失误和理解分歧产生的问题。

在过去的 20 年里，工程算量已从手工算量发展到电子算量，然而工程量计算规则仍伴随着手工算量的"影子"，如"整体面层，按设计图示尺寸以平方米计算。扣除凸出地面构筑物、设备基础、室内管道、地沟等所占面积，不扣除间壁墙和 0.3m² 以内的柱、垛、附墙烟囱及孔洞所占面积。门洞、空圈、暖气包槽、壁龛的开口部分不增加面积。"这在手工算量年代确实起到提高工作效率的作用，但在当前电子算量，特别是 BIM 技术大力推行的大环境大趋势下，这种不直观的计量规则尤显不合时宜。

2. 实物工程量计量应用

实物工程量计量应用于试点项目的结构、砌体、门窗工程以及部分安装工程，计算规则见附件 1-1。由于实物工程量计量规则与 BIM 模型"按实际尺寸建模"的规则一致，上述部分工程量通过 BIM 模型正向设计直接或间接（通过插件）提取，同时在构件信息中加载成本信息完成计价需求。

通过 BIM 模型提取实物工程量，有以下四类情况：

第一类情况：实物工程量与清单工程量的精度基本吻合，构件工程量直接从模型提取，如混凝土、砌体等。

第二类情况：模型中有构件信息，在对构件做一定处理后提取实物工程量。如窗建模时的构件信息为窗编号，对构件信息补充"平开窗"或"推拉窗"等属性后，就能提取"平开窗"或"推拉窗"的工程量。

第三类情况：模型中没有体现构件信息，通过与其他构件的工程量关联，取得构件工程量。如防水层工程量可关联基层构件工程量获取。

第四类情况：模型中没有体现构件信息，按目前的 BIM 软件功能，需要花费大量的人力才能完成建模的内容，如钢筋、复杂装修面层等。

上述第一、二类情况的构件实物工程量，其涉及造价约占工程造价的比例为 50%；加

上对第三类情况实现的关联工程量，其涉及造价占工程造价的比例可达到 80% 以上。

通过 BIM 计量在试点项目中的应用，归纳以下几个方面的优点：BIM 模型提取的实物工程量与按《房屋建筑与装饰工程工程量计算规范》GB 50854—2013（以下简称国家标准工程量计算规范）等计算的工程量相比较，两者差别不大，但实物工程量更能准确反映建设项目的实际情况。如国家标准工程量计算规范中混凝土板的工程量计算规则是"按设计图示尺寸以体积计算，不扣除单个面积≤0.3m² 的柱、垛以及孔洞所占体积"，通过 BIM 提取的实物工程量是项目实际工程量的准确反映，因此，混凝土的材料用量也会更加准确（见附件 1-2）；机电安装的管道工程，在 BIM 模型建立过程中，软件会自动按管道材质和规格匹配弯头、大小头、三通等配件，比传统计量更高效；利用 BIM 技术提量，能在设计修改时同步统计相关工程量，解决因设计修改造成的反复计算工程量的问题。

由于试点项目的 BIM 模型完整细致，并在 BIM 模型中完成了结构、建筑和机电三个专业的建模和造价应用，被广州市城市信息模型（CIM）平台采用并用于行业示范如图 1-1 所示。

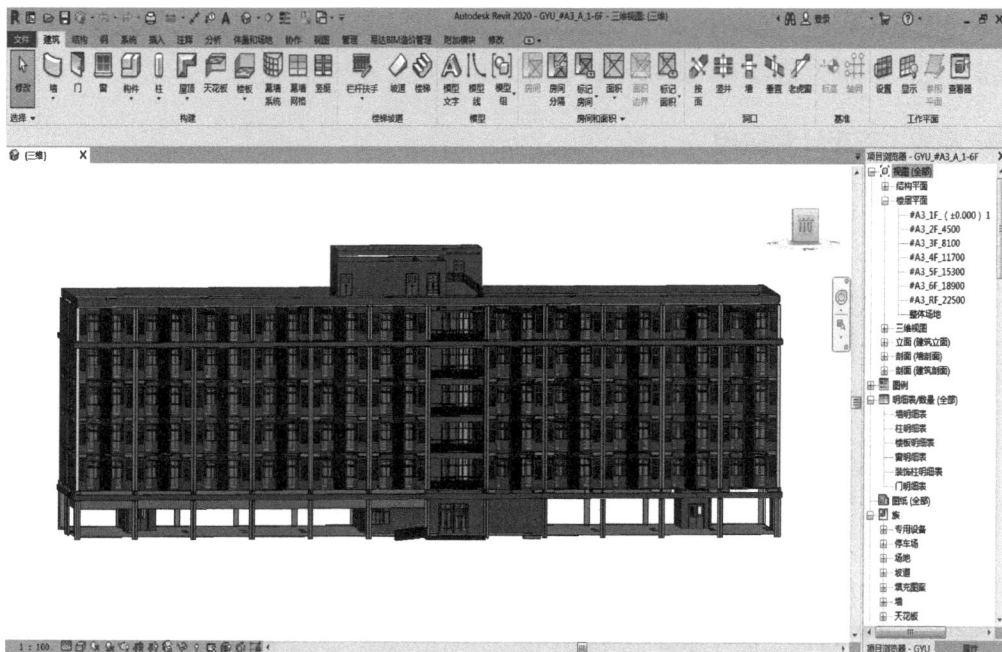

图 1-1　试点项目 BIM 模型

3. 实践意义

一是建立简单直接、易于理解的计量规则，可避免理解分歧，提升工程计量效率与质量；二是实物工程量有利于统一施工总承包与劳务分包市场的计量规则，有利于解决国家标准工程量与劳务市场实物量之间不一致所产生的问题；三是促进 BIM 模型一模多用，促进设计与计价工作的融合，让设计需求在工程计量和计价中得到更准确的反映。

（二）运用造价大数据的指标编制最高投标限价

1. 工程造价数据积累初见成效

广州市建设工程造价大数据统计与分析平台（以下简称大数据平台）于 2017 年开始分两期实施建设，2020 年 11 月完成二期项目验收。造价大数据平台通过与市公共资源交易中心、市住建局以及市造价站站内各系统对接，汇集了包括概算、预算、最高投标限价、投标价、合同价等造价数据，涵盖教育、住宅、医疗、商业、厂房、办公、养老、市政道路等工程类型。大数据平台已累积约 8.2 万个建设工程项目数据，涉及金额约 5 万亿元，清单 500 多万条，材料价格数据 2200 万条，可分析统计项目、单位、分项、清单、材料各级指标指数，为编审概算、预算、最高投标限价等提供数据支持。

2. 清单指标

清单指标是通过造价大数据平台按材料取定期、工程类型、计价环节等条件查询，以工程量为权重计算得出的清单综合单价指标以及相应的人工费、材料费、机械费、管理费、利润指标。

【例 1-1】　计算现浇构件钢筋清单指标。通过查询清单编码 010515001，设置项目特征：Ⅲ级钢筋，材料取定期：2020 年 7 月，计价环节：最高投标限价，检索得到 44 个样本，经正态分布统计，44 个样本中有 32 个（占比 73%）集中在 4823～5139 元区间，再对区间内数值以工程量为权重进行加权计算，得出现浇构件钢筋清单综合单价指标为 4946 元，其中人工费 556 元，材料费 4044 元，机械费 52 元，管理费 173 元，利润 121 元。

3. 清单指标应用

（1）试点项目最高投标限价编制概况

试点项目最高投标限价同时采用了按定额编制和按应用清单指标编制两种方法。两种方法的结果相互验证，务求改革工作稳妥推进。清单指标应用效果较理想。试点项目最高投标限价为 2441.4 万元，清单条目共 148 个，其中清单项目的造价为 1975.8 万元，占工程造价的 81%，见表 1-1。

最高投标限价组成情况　　　　　　　　　　　表 1-1

	合计	非清单项目	清单项目	其中：分部分项清单	措施项目清单
金额（万元）	2441.4	465.6	1975.8	1838.7	137.1
金额占比	100%	19%	81%	75%	6%
清单项目个数	148	—	148	132	16

（2）清单指标应用情况

1）直接应用清单指标查询结果

清单指标查询结果与定额法相差±1%以内，直接应用的清单指标有 27 个，主要为混凝土基础、柱、梁、板、砌筑、防水，相应造价为 791.7 万元，占清单项目造价的 40%。

2）在查询结果的基础上，清单指标换算材料单价后再使用

清单指标换算结果与定额法相差±1%以内的清单指标有 29 个，主要为混凝土垫层、圈梁、栏板、墙面、门窗，相应造价为 549.4 万元，占清单项目造价的 28%，此类清单基本只有材料价格一个变量，因此换算后的结果与按定额编制的结果较贴合。

清单指标换算结果与定额法相差±2%以内的清单指标有 26 个，主要为墙柱面、楼地面装饰，相应造价为 281 万元，占清单项目造价的 14%。此类清单不只材料价格一个变量，但材料价格为主要变量，故换算后的结果与按定额编制的结果相差不大。

3）在查询结果的基础上，清单指标换算材料单价后效果不理想不使用

清单指标换算结果与定额法相差±2%以上，此类清单指标不使用，仍按定额编制，主要是墙柱面油漆、天棚油漆、门号牌、指引牌等。此类清单不只有材料价格一个变量，且材料价格不为主要变量，组价内容复杂多样，故换算后的结果与按定额编制的结果相差较大。此类清单有 66 个，占清单条目的 45%，造价为 353.7 万元，占清单项目造价的 18%。

综上所述，清单指标应用 82 个，占清单条目的 55%，造价为 1622.1 万元，占清单项目造价的 82%。钢筋、现浇混凝土结构（柱、梁、墙、板）、砌筑、一般铝合金门窗等工作内容标准化高、使用综合价材料频率高的清单项目，数据分布较集中，数据利用率较高。楼地面装饰、墙面装饰等工作内容标准化较低，组价内容复杂多样，材料规格档次繁多，材料单价波动较大的清单项目，数据分布较分散，数据利用率较低。

4. 实践意义

采用类似工程数据和市场询价确定最高投标限价，具有可操作性。通过清单指标编制计价文件，符合改革方案中"利用大数据、人工智能等信息化技术为概预算编制提供依据"的思路。

"取消最高投标限价按定额计价的规定"需要循序渐进。由于清单标准化和数据标准

化程度仍然不足，缺乏评价清单合理性的尺度，行业亟待建立具有市场共识、界面清晰的清单标准，因此，应进一步深化清单标准化工作。

（三）调整最高投标限价公布内容，促使企业自主报价

1. 最高投标限价公布内容

以往对最高投标限价公布内容没有限制，招标人将最高投标限价整个计价文件公布的情况常有发生，给投标人复用最高投标限价计价文件进行投标提供了"便利条件"。发生此类情况的项目，各投标人的投标文件"异常一致"程度非常高，难以判定是文件复用还是围标串标，严重妨碍招标投标管理部门对围标串标行为的研判和治理。

在试点项目招标过程中，最高投标限价公布内容仅为最高投标限价公布函，没有公布最高投标限价相应计价文件中的综合单价、合价等细节，施工企业没有可复用的文件，必须自行组价投标，促使企业自主报价。

2. 投标人报价情况

经对比分析，投标人根据企业自身和市场实际报价的情况大为改善，各投标人的投标文件"异常一致"率大幅降低，所有投标人分部分项清单"异常一致"率最高仅为 0.7%。

3. 实践意义

一是有效提升企业投标报价自主性，投标报价更加贴合企业自身和市场实际，有利于市场形成价格，有利于发挥市场竞争机制；二是提高了围标串标成本；三是为管理部门对围标串标的判定和治理提供更有利的条件；四是强化了建设单位造价管控责任，提高了投资效益。

（四）完善配套招标文件

1. 保障 BIM 技术应用

概算阶段按《广州市城市信息模型（CIM）平台建设试点工作联席会议办公室关于进一步加快推进我市建筑信息模型（BIM）技术应用的通知》（穗建 CIM〔2019〕3 号）计取设计与施工联合应用费用，共计 508 万元，保障 BIM 技术应用开展。设计单位招标及合同文件中明确提出工作要求、技术标准、工作目标。从设计工作开展前到施工招标阶段，多次组织技术研讨会议，对做法、标准、交付要求逐一明确并跟进落实。

2. 招标文件中与实物工程量和指标应用的配套调整

为保障项目顺利实施并取得良好效果，针对改革内容在招标文件工程量清单计价须知中设立了《A3 号博士生宿舍主体结构混凝土及门窗工程全费用试点工程量清单计价说明》，说明中对每个清单项目、措施项目、其他项目均做了相关工作内容、工程量计算规则、变更调整办法的详细说明，以便投标企业及时、准确地理解报价规则和合同价款调整办法，避免因理解歧义在实施过程中产生不必要的问题。

此外，在合同签订前召开的进场会、合同签订后召开的交底会中均做了相关交底。因此，招标投标、合同签订、施工环节都进行得十分顺利，项目相关方未有提出与改革内容相关的协调事项。

3. 实践意义

通过项目招标投标，将理论研究转化为实际应用，并取得了符合预期的良好效果。事实证明，只要改革方向遵循市场规则，前期工作做得充分扎实，是能被市场各方主体认同的。

五、下一步工作计划

（一）循序渐进改进工程计量和计价规则

1. "与市场一致"是"市场化"的基础

当前，施工总承包主要采用国家标准工程量，劳务分包主要采用实物工程量，两者在划分口径、工作内容、计量方式上有较大差异。实现施工总承包与劳务分包在"算量计价"上的统一，应作为造价改革的一部分，通过促进产业链上下游标准有效衔接、提高市场透明度，有利于推进施工总承包与劳务分包的分阶段结算，有利于落实市场形成价格机制。

2. 做好引导工作，建立具有市场共识、界面清晰的市场标准

从清单指标应用实践情况来看，综合单价组价自由度大、口径不一是突出问题。此外，还存在清单特征描述与组价内容表里不一，特征描述千人千样，"综合考虑"转嫁风险等问题。这些问题，需要通过进一步加强清单标准化、规范化管理来解决。

2021 年 10 月 10 日，中共中央、国务院印发了《国家标准化发展纲要》（以下简称《纲要》）。《纲要》指出"标准是经济活动和社会发展的技术支撑，是国家基础性制度的重要方面。标准化在推进国家治理体系和治理能力现代化中发挥着基础性、引领性作用。新

时代推动高质量发展、全面建设社会主义现代化国家，迫切需要进一步加强标准化工作"
"到2025年实现标准供给由政府主导向政府与市场并重转变"。可见，管理部门仍应做好
标准的管理及引导工作，建立具有市场共识、界面清晰的市场标准。

3. 加强清单市场化、 标准化管理

标准化管理是以"与市场接轨"为前提，明确工作界面、工作内容、特征描述要点的
清单标准化管理；市场化是指在具有市场共识的、界面清晰的标准下由市场主体自由报
价。加强清单市场化、标准化管理，通过以下几个方面形成合力：

（1）开展相关课题研究，以造价占比较大的清单为切入点，逐步完善清单体系市场化
和标准化。

（2）发挥造价大数据优势，逐步发布工程量清单指标及相关计价指引。

（3）加强开发公司在清单标准化工作上的参与和标准化成果转换的落实监管。既要保
障用户使用体验，也要保障成果的有效落实。

（4）加强行业监管，把清单指标作为计价成果文件质量检查的内容之一。

（二）推进从大数据和 BIM 技术走向智慧造价

1. 提倡 BIM 模型应用前移， 提升投资控制质量和工作效率

智慧造价是将 BIM 技术、大数据造价指标与工程造价计价规则高度融合，智能化快
速计算新建项目的工程造价。在试点项目上应用 BIM 技术快速算量计价，是走向智慧造
价的一次有力实践。

根据全过程项目生命周期的造价管理理论，前期的策划和设计对项目的成本产生70%～
80%的影响，因此，应提倡 BIM 模型应用前移。智慧造价从施工阶段工程量与清单指标、
市场询价的结合，前置到初步设计工程量与估算指标、清单指标的结合，在控制节点前移
的同时，提升投资控制质量和工作效率。

2. 推进 BIM 技术应用的建议

（1）倡导 BIM 正向设计，提高模型质量。严格按照有关 BIM 设计交付标准的要求进
行建模，构件的属性信息应完整。

（2）由建设单位组织，实现从项目立项、工程设计、工程计价（预算）、成本管控、
施工管理到项目运维等环节的一模多用。

（3）完善符合工程量提取要求的 BIM 设计标准、模型交付验收标准，提高模型精细
度，明确构件工程量规则。

（三）积极推进其他试点项目工作

严格来说，试点项目施工后才是对改革成果的正式检验。需要在施工过程中跟进改革内容的实施情况，及时收集现场反馈的信息，及时总结经验与不足，妥善研究并解决合同履约过程中出现的问题，通过不断修正完善，逐步形成与市场接轨的计价体系。

推进其他试点项目落地，既是广东省住房和城乡建设厅造价改革工作实施方案的要求，也是造价改革工作自身的要求。造价改革工作还在初始阶段，要建立新的计价体系，需要时间的检验和经验的积累，需要通过更多的应用来发现问题，检视并修正相关工作。

附件 1-1　实物工程量清单计算规则

土建工程 BIM 实物工程量清单计算规则　　　　　　　　附表 1-1

项目名称	计量单位	工程量计算规则
一、混凝土及钢筋混凝土工程		
混凝土基础	m³	1. 按设计图示尺寸以体积计算。 2. 包括垫层、独立基础、集水坑
现浇混凝土柱	m³	按设计图示尺寸以体积计算。不扣除构件内钢筋，预埋铁件所占体积。型钢混凝土柱扣除构件内型钢所占体积。 柱高： 1. 有梁板的柱高，应自柱基上表面（或楼板上表面）至上一层楼板上表面之间的高度计算。 2. 无梁板的柱高，应自柱基上表面（或楼板上表面）至柱帽下表面之间的高度计算。 3. 框架柱的柱高：应自柱基上表面至柱顶的高度计算。 4. 依附柱上的牛腿和升板的柱帽，并入柱身体积计算
混凝土梁板	m³	按设计图示尺寸以体积计算。扣除孔洞所占体积，扣除空心板空洞体积。 型钢混凝土梁扣除构件内型钢所占体积。压型钢板混凝土楼板扣除构件内压型钢板所占体积。 梁长：梁与柱连接时，梁长算至柱侧面。 混凝土梁板（包括主、次梁与板）按梁、板体积之和计算，各类板伸入墙内的板头并入板体积内
预制墙板	m³	以立方米计量，按设计图示尺寸以体积计算
预制混凝土板	m³	以立方米计量，按设计图示尺寸以体积计算。扣除孔洞所占体积，扣除空心板空洞体积
预制楼梯	m³	以立方米计量，按设计图示尺寸以体积计算。扣除孔洞所占体积，扣除空心板空洞体积
二、门窗工程		
木质门	m²	以平方米计量，按设计图示洞口尺寸以面积计算
金属（塑钢）门		
金属门		
铜质防火门		
百叶窗	m²	以平方米计量，按设计图示洞口尺寸以面积计算
金属防火窗	m²	
金属窗	m²	

机电安装工程 BIM 实物工程量计算规则　　　　　　　　　　　　附表 1-2

名称	计量单位	工程量计算规则
一、电气工程		
电缆桥架	m	按设计图示尺寸以长度计算，工程量扣除管路中间的管件（含三通、弯头）、接线箱（盒）、灯头盒、开关盒所占长度
二、给水排水、消防水工程		
太阳能循环泵	台	按设计图示数量计算
热泵循环泵	台	
空气源热泵	台	
污水泵	台	
热水储水罐	个	
给水管	m	按设计图示尺寸以长度计算，管道工程量计算扣除阀门、管件（包括减压器、疏水器、水表、伸缩器等组成安装）及附属构筑物所占长度
热水管	m	
排水管	m	
消防水管	m	按设计图示尺寸以长度计算，管道工程量计算扣除阀门、管件（包括减压器、疏水器、水表、伸缩器等组成安装）及附属构筑物所占长度
消火栓	套	
三、通风空调工程		
壁挂式室内机	台	按设计图示数量计算
诱导风机	台	
冷凝水管	m	按设计图示尺寸以长度计算，管道工程量计算扣除阀门、管件及附属构筑物所占长度
四、智能化工程		
电缆桥架	m	按设计图示尺寸以长度计算，工程量扣除管路中间的管件（含三通、弯头）、接线箱（盒）、灯头盒、开关盒所占长度

附件 1-2 土建工程 BIM 实物工程量与国标计量规则工程量对比分析

土建工程 BIM 实物工程量与国标计量规则工程量对比分析表   附表 1-3

项目名称	项目特征	计量单位	BIM 提取实物工程量	国标计量规则工程量	量差	偏差率（%）	备注
一、混凝土及钢筋混凝土工程			4062.91	4039.26	−23.65	−0.59	
混凝土垫层 1	1. 混凝土种类：现浇混凝土 2. 混凝土强度等级：C10	m³	120.23	121.25	1.02	0.84	
混凝土垫层 2	1. 混凝土种类：现浇混凝土 2. 混凝土强度等级：C15		147.57	147.61	0.04	0.03	
混凝土独立基础	1. 混凝土种类：现浇混凝土 2. 混凝土强度等级：C35		957.46	957.62	0.16	0.02	
混凝土筏板基础	1. 混凝土种类：现浇混凝土 2. 混凝土强度等级：C30		366.67	367.33	0.66	0.18	
现浇混凝土柱	1. 混凝土种类：现浇混凝土 2. 混凝土强度等级：C30		206.61	206.83	0.22	0.11	
现浇混凝土柱	1. 混凝土种类：现浇混凝土 2. 混凝土强度等级：C35	m³	269.22	270.83	1.61	0.59	
混凝土梁板	1. 混凝土种类：现浇混凝土 2. 混凝土强度等级：C30		1995.15	1967.79	−27.36	−1.39	
二、预制构件			1887.68	1846.03	−41.65	−2.26	
预制墙	1. 材质：预制加气混凝土墙（ALC） 2. 构件的类型：外墙		416.32	386.16	−30.16	−7.81	总差量 35.75m³，偏差率为 2.47%，原因是 BIM 模型混凝土构造柱、圈梁、过梁、压顶、反坎混凝土统计口径设整
预制墙	1. 材质：预制加气混凝土墙（ALC） 2. 构件的类型：内墙	m³	922.57	905.78	−16.79	−1.85	
预制墙	1. 材质：预制钢筋混凝土墙板（无饰面 PC） 2. 构件的类型：外墙		110.87	122.07	11.20	9.18	
预制混凝土板	1. 混凝土种类：预制混凝土 2. 混凝土强度等级：C30	m³	383.79	376.46	−7.33	−1.95	
预制楼梯	1. 混凝土种类：预制混凝土 2. 混凝土强度等级：C30	m³	54.13	55.56	1.43	2.57	

项目名称	项目特征	计量单位	BIM 提取实物工程量	国标计量规则工程量	量差	偏差率（%）	备注
三、门窗工程			3401.25	3389.95	−11.30	−0.33	
木质门	1. 门种类：实木门 2. 洞口尺寸：1000mm×2900mm；1500mm×2200mm	m²	583.30	583.30	0.00	0.00	
木质门	1. 门种类：防水复合板门 2. 洞口尺寸：900mm×2100mm		757.89	757.89	0.00	0.00	
金属（塑钢）门	1. 门种类：铝合金玻璃门 2. 洞口尺寸：1800mm×2900mm；1500mm×2900mm		20.01	20.01	0.00	0.00	
金属门	门种类：铝合金门		502.04	494.34	−7.70	−1.56	
钢质防火门	1. 门种类：甲级钢质防火门 2. 洞口尺寸：800mm×2000mm；1500mm×2200mm；1200mm×2200mm		28.44	28.44	0.00	0.00	
钢质防火门	1. 门种类：乙级钢质防火门 2. 洞口尺寸：1500mm×2200mm；1800mm×2400mm	m²	72.36	72.36	0.00	0.00	
钢质防火门	1. 门种类：丙级钢质防火门 2. 洞口尺寸：700mm×2000mm		8.40	8.40	0.00	0.00	
百叶窗	1. 材质：铝合金 2. 洞口尺寸：1210mm×2900mm；1210mm×3100mm；1210mm×2700mm	m²	350.90	343.20	−7.70	−2.24	
金属防火窗	1. 材质：铝合金 2. 防火等级：乙级 3. 洞口尺寸：1800mm×2000mm；700mm×2000mm	m²	24.60	21.00	−3.60	−17.14	
金属窗	材质：铝合金	m²	632.72	632.72	0.00	0.00	
金属窗	材质：铝合金	m²	420.59	428.29	7.70	1.80	

第二章

基于目标管控为核心的全过程造价管理

——以广东省中医院中医药传承创新工程试点项目为例

（永道工程咨询有限公司）

2019 年底，根据住房和城乡建设部工程造价改革部署和广东省实际情况，选择广东省代建项目管理局的代建项目——"广东省中医院中医药传承创新工程项目"作为试点项目。该项目作为全国及广东省第一个工程造价改革试点项目，采用市场化、国际化的工程造价管理模式，探索市场决定工程造价的机制和基于目标管控为核心的全过程造价管理模式。通过试点项目实践，建立统一的多层级工程量清单、工程量计算规则和市场化工程量清单的定价机制，构建对标国际的工程造价全过程目标管理体系，实现"建立一个适应市场竞争形成价格的新机制、重构一个适应新时代发展要求的造价管理新体系、营造一个对标国际工程项目监管的新模式"的工程造价改革目标。

为更好地指导和推动试点项目的实施，广东省造价改革小组（以下简称省改革小组）在 2020 年 3 月编写了"试点项目造价改革工作方案"，永道工程咨询有限公司（以下简称永道公司）在 2020 年 4 月编制汇报了"广东省中医院中医药传承创新工程项目实施方案"，省改革小组在 2020 年 5 月编写了试点项目"任务清单"，并在试点项目的实施落地过程中提供了技术支撑和保障。

一、项目基本概况

1. 项目简介

（1）项目名称：广东省中医院中医药传承创新工程项目。

（2）建设地点：广州市越秀区二沙岛。

（3）建设规模：本项目包括新建工程和改造工程。新建工程为二沙岛医院西侧医技综合楼（图 2-1）和东侧花园地下室，总建筑面积 25814m²，其中，地上建筑面积 8625m²，地下建筑面积 17189m²。医技综合楼 6 层高，总建筑面积 17490m²，其中：地上建筑面积 8625m²，地下建筑面积 8865m²。东侧花园地下室总建筑面积 8324m²，建设内容还包括配套给水排水、供配电、消防、燃气工程，恢复拟建项目用地周边道路及绿化等。改造工程包括二沙岛医院康复楼改造、门诊楼医技楼改造以及芳村医院经典病房改造，改造面积共 2190m²。

（4）投资规模：投资概算 34111 万元。

（5）项目建设期：施工总工期为 855 天，正式开始时间为 2021 年 6 月 10 日，计划竣工日期为 2023 年 10 月 13 日。

（6）项目进度：本项目于 2020 年 11 月 26 日完成施工招标，2020 年 12 月 15 日签订施工合同，2021 年 6 月 10 日取得工程开工令，工程正式开工。

图 2-1 西侧医技综合楼效果图

2. 项目咨询目标

以改革大局为重，以改革目标为导向，以广东省发展和改革委员会批准的投资概算为造价控制总目标，以传承、借鉴与创新相结合的工作理念，勇于探索、敢于担当，帮助建设单位有效管控建设资金；同时，不断总结经验，为省改革小组提供关于投资目标管控、计量规则、工程量清单、计价规范、工程造价数据积累等改革试点工作的合理化建议、数据、成果。

3. 组织架构

为确保项目管理工作质量和成效，保证试点项目全过程造价咨询管理组的专业技术水平，永道公司联合省改革小组对试点项目实行"矩阵式"职能管理组织架构，如图 2-2 所示。

本项目咨询团队由具备丰富经验的不同专业技术人员组成。针对本项目全过程造价咨询的特点成立核心团队，综合运用各项管理措施和手段，以实现投资管控目标及项目建设目标。

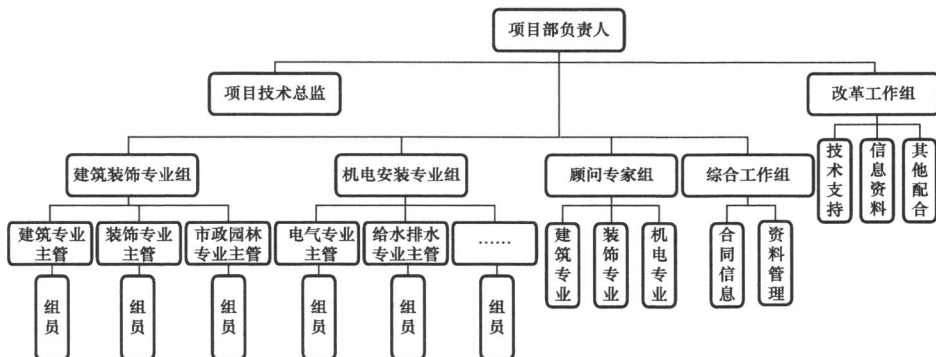

图 2-2 试点项目组织架构图

二、实施思路和主要工作内容

（一）基于目标管控为核心的全过程造价管理思路

本试点项目在方案设计阶段确定项目的投资目标，贯彻《住房和城乡建设部办公厅关于印发工程造价改革工作方案的通知》（建办标〔2020〕38号）中提出的"改进工程计量和计价规则，加强工程造价数据积累"的总体思路，编制多层级、市场化清单，淡化定额编制最高投标限价，实现自主报价、竞争定价计价方式；打通工程数据采集、分析的技术路线，在项目实施的同时也是市场价格信息和指标指数建立的过程。构建工程全过程造价管理模式和思路，如图 2-3 所示。

（二）工作内容

1. 决策阶段

（1）用户需求书

组织使用单位提出用户需求，编制用户需求书。对本项目的工程界面、各功能区域布置、出入口、流程等的要求；需配置的设施设备及荷载、容量等要求；医院设备部门统一购置和进行利旧处理情况；设备和设施需达到的要求等予以说明。用户需求书可作为方案设计、初步设计和投资目标编制及工程验收的依据。

（2）匡算投资，编制投资估算，确定初步投资目标

以用户需求书和批复的可行性研究报告中的工程内容、建设规模、投资总额，以及所列单项工程和单位工程作为投资概算目标的确定和实施限额设计的基础，并在设计服务合同中明确设计限额的要求。见表 2-1"项目投资限额和总投资目标"。

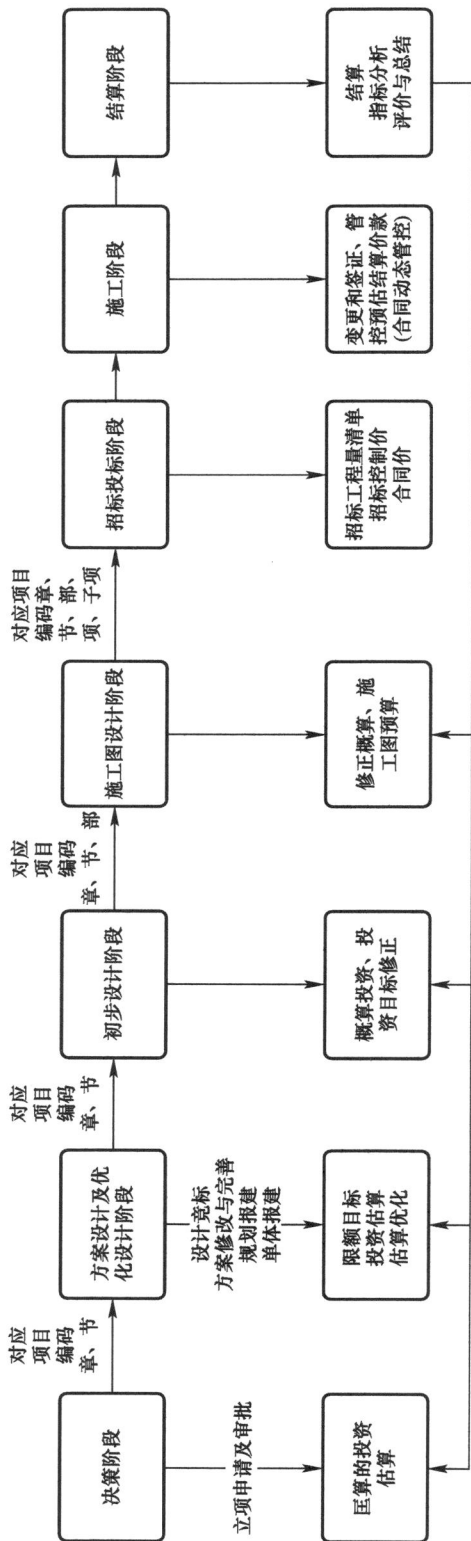

图 2-3 全过程造价管理关系图

表 2-1

项目投资限额和总投资目标

项目名称：广东省中医院中医药传承创新工程项目施工总承包

序号	项目编码 章	项目编码 节	项目名称	建筑面积 (m²)	估算金额 (元)	投资目标（概算金额）(元) ①	经济指标 (元/m²)	投资目标（控制价）(元)	合同金额 (元) ②	经济指标 (元/m²)	合同变更金额 (元) ③	结算金额 ④=②+③	余额 (元) ⑤=①-②-③	费用说明
一			建筑安装工程费用											
1	01		第一章 非实体项目											
1.1	01	01	绿色施工安全防护措施项目											
1.2	01	02	单独计量的措施项目											
1.3	01	03	其他措施项目											
1.4	01	04	其他项目											
2	02		第二章 医技综合楼地下室工程											
2.1	02	01	建筑工程											
2.2	02	02	装饰工程											
2.3	02	03	强电工程											
2.4	02	04	……											
3	03		第三章 医技综合楼（地上工程）											
4	04		第四章 东侧地下车库工程											
5	05		第五章 连廊											
6	06		第六章 改造升级工程（门诊医楼）三层会议室改造											
7	07		第七章 改造升级工程（门诊医技楼）2层经典病房											
8	08		第八章 改造升级工程（门诊医技楼）3层ICU特殊科室											
9	09		第九章 附属工程											
10			小计（1～9）											
11			暂列金额											

续表

项目名称：广东省中医院中医药传承创新工程项目施工总承包

项目编码		序号	项目名称	建筑面积 (m²)	估算金额 (元)	投资目标（概算金额）(元) ①	经济指标 (元/m²)	投资目标（控制价）(元)	合同金额 (元) ②	经济指标 (元/m²)	合同变更金额 (元) ③	结算金额 ④=②+③	余额 (元) ⑤=①-②-③	费用说明
章	节													
		12	税金											
		13	含税建筑安装工程目标造价 (10+11+12)											
		二	工程建设其他费用											
		1	前期工作咨询费											
		2	建设单位管理费											
		3	工程勘察设计费											
		4	工程建设监理费											
		5	全过程造价咨询服务费											
		6	招标服务费											
		7	场地准备及临时设施费											
		8	高可靠性供电费用											
		9	城市配套设施费											
		10	工程检验检测费											
		11	工程保险费											
		12	白蚁防治费											
		13	信息化工程建设费、工程建设其他费用											
		14	施工过程BIM咨询费											
		15	建筑信息模型BIM技术应用咨询顾问费											
		三	预备费											
		1	基本预备费											
		四	项目投资总额											

（3）落实设计合同中限额设计的责任

设计合同的限额设计要求中，明确了各阶段、各版次设计成果文件的组成及要求，见表 2-2。

各阶段、各版次设计成果文件的组成及要求　　　　　表 2-2

阶段	方案优化设计			初步设计	施工图设计	
设计成果文件版次	版次 1	版次 2	版次 3	版次 4	版次 5	版次 6
限额设计要求	方案修改与完善（包括估算书）包含非标设备、材料、构配件的报价	规划报价文件	单体报建文件（包括投资估算）	概算书（包括工程量清单）	修正概算（深度参照预算），工程量分解文件和工程量清单	工程预算；招标工程量清单和招标控制价

设计合同约定，本项目的投资控制目标是：在保证设计质量的前提下，全过程实行限额设计，在包含完整批复的初步设计概算全部建设内容的前提下，必须按照政府主管部门确定的投资额度和要求严格控制，严格控制初步设计和施工图设计的变更，确保工程概、预算不突破投资目标。

2. 设计阶段

（1）编制投资控制目标

根据项目的方案设计文件、项目用户需求书，将投资估算分配至每一单位工程、系统工程，作为投资目标确定和施工图设计的基础。按单位工程、系统工程分解的投资目标量化到专业，使设计师清楚了解自己负责部分的专业或系统所对应的投资目标，详见表 2-1 "项目投资限额和总投资目标"的投资目标（概算金额）。编制初步设计投资目标，从造价数据积累的总体思路打通工程数据采集、分析的技术路线，达成项目实施的同时建立市场价格信息和指标指数的目标。投资目标按系统、功能区域划分确定（概算阶段按"章"和"节"的深度划分，施工图阶段按"部"划分）。投资目标的分配按功能区域的定位（根据其区域的重要性）、档次来确定。

（2）实施限额设计

进行设计、技术和经济的融合。配合设计成果的提交和审查，设计成果文件的深化和专项设计的成果，核实每一阶段的投资是否控制在目标以内。

（3）实施设计方案经济比选

对造价影响大的敏感因素进行多方案比选。本项目包括改造工程和新建工程，新建工程包括一幢医技综合楼（地下3层、地上6层），东侧地下室（地下4层），项目地理位置如图2-4所示。项目地下管线条件复杂，场地狭窄，临近珠江地下水位较高，深基坑（西侧基坑开挖深度约17.45m，局部18.10m；东侧基坑开挖深度约18.3m）出土量较大。

图2-4 项目地理位置图

所以基坑支护、出土和土方外运的方式对造价影响很大，是本项目主要的造价敏感因素，所以结合多方案设计和经济比选，选择经济合理、技术可行的方案。项目基坑支护分析报表见表2-3。

基坑支护分析报表　　　　　　　　　　　　　　　　　　表2-3

建设项目名称：广东省中医院中医药传承创新工程基坑支护

序号	工程和费用名称	估算造价（万元）		技术经济指标		单方造价（元/m²）	备注
		建筑工程费	合计	单位	数量		
一	方案一（旋控咬合桩支护）工程费用（一）＋（二）	4611.88	4611.88		9219.00	5002.58	
（一）	西侧地下室（咬合桩，三道内支撑，取消搅拌桩）	2174.52	2174.52	m²	4360.00	4987.42	基坑侧面积
1	咬合灌注桩（素桩，φ900@1500，桩长约20m）	536.00	536.00	m	2680.00	2000.00	
2	咬合灌注桩（荤桩，φ1200@1500，桩长约22m）	1186.57	1186.57	m	2948.00	4025.00	
3	……	……	……	……	……	……	
（二）	东侧地下室（咬合桩，三道内支撑，取消搅拌桩）	2437.37	2437.37	m²	4859.00	5016.19	基坑侧面积
1	咬合灌注桩（素桩，φ900@1500，桩长约21m）	602.00	602.00	m	3010.00	2000.00	
2	咬合灌注桩（荤桩，φ1200@1500，桩长约23m）	1326.91	1326.91	m	3296.67	4025.00	
3	……	……	……	……	……	……	

续表

序号	工程和费用名称	估算造价（万元）		技术经济指标		单方造价（元/m²）	备注
		建筑工程费	合计	单位	数量		
二	方案二（地下连续墙，两墙合一）工程费用（一）＋（二）	6032.81	6032.81		9219.00	6543.89	
（一）	西侧地下室连续墙（两墙合一）	2852.19	2852.19	m²	4360.00	6541.71	基坑侧面积
1	连续墙混凝土（1m厚，周长约200m，深约21.8m）	1591.40	1591.40	m³	4360.00	3650.00	
2	连续墙钢筋（φ32@100）	583.85	583.85	t	916.56	6370.00	
3	连续墙型钢封口制作与安装	146.93	146.93	t	181.40	8100.00	
4	……	……	……	……	……	……	
（二）	东侧地下室连续墙（两墙合一）	3180.63	3180.63	m²	4859.00	6545.84	基坑侧面积
1	连续墙混凝土（1m厚，周长215m，深约22.6m）	1773.54	1773.54	m³	4859.00	3650.00	
2	连续墙钢筋（φ32@100）	650.67	650.67	t	1021.46	6370.00	
3	连续墙型钢封口制作与安装	163.10	163.10	t	201.36	8100.00	
4	……	……	……	……	……	……	
三	方案三（地下连续墙，非两墙合一）工程费用（一）＋（二）	5661.71	5661.71		9219.00	6141.35	
（一）	西侧地下室连续墙（非两墙合一）	2673.82	2673.82	m²	4360.00	6132.61	基坑侧面积
1	连续墙混凝土（1m厚，周长约200m）	1591.40	1591.40	m³	4360.00	3650.00	
2	连续墙钢筋（φ25@100）	405.48	405.48	t	654.00	6200.00	
3	连续墙型钢封口制作与安装	146.93	146.93	t	181.40	8100.00	
4	……	……	……	……	……	……	
5	立柱桩（荤桩，φ800灌注桩，长5m）	7.80	7.80	m	30.00	2600.00	
6	混凝土支撑梁	121.01	121.01	m³	756.31	1600.00	
7	混凝土板撑（300mm厚）	10.76	10.76	t	67.26	1600.00	
8	腰梁（800mm×800mm）	61.44	61.44	t	384.00	1600.00	
9	水泥搅拌桩（φ600@400，长12.6m）	94.50	94.50	m	6300.00	150.00	

注：两墙合一时，原地下室混凝土外墙改成200mm厚砖砌衬墙，分析如下。

1. 相较于咬合桩基坑支护方式，两墙合一连续墙基坑支护方式增加费用约1420.93万元（西侧咬合桩基坑支护2174.52万元，东侧咬合桩基坑支护2437.37万元，现两墙合一连续墙基坑支护共6032.81万元）。

2. 两墙合一后，原地下室混凝土外墙改成200mm厚砖砌衬墙，地下室主体结构的200mm厚砖砌衬墙约增加200万元。

3. 两墙合一后，原西侧地下室混凝土外墙改成200mm厚砖砌衬墙，西侧地下室主体结构的费用减少约430万元，其中混凝土节省约170万元，钢筋节省约260万元。

4. 两墙合一后，原东侧地下室混凝土外墙改成200mm厚砖砌衬墙，东侧地下室主体结构的费用减少约490万元，其中混凝土节省约200万元，钢筋节省约290万元。

5. 综合上述，两墙合一连续墙基坑开挖方式相较于咬合桩基坑支护方式，平衡基坑开挖和主体结构增减费用后，共增加约701万元。

另外，配合完成主要材料和设备选型（初步设计阶段，完成主要设备选型；施工图设计阶段，完成设备和主要材料选型）。

3. 招标投标和合同签订阶段

（1）编制市场化、多层级的工程量清单

1）改进清单结构

清单层级根据投资目标分解的科目对应设置，按实体项目、非实体项目和税金编排清单结构，使各单项工程、单位工程的投资目标、管控效果、指标情况清晰可控，如图 2-5 所示。

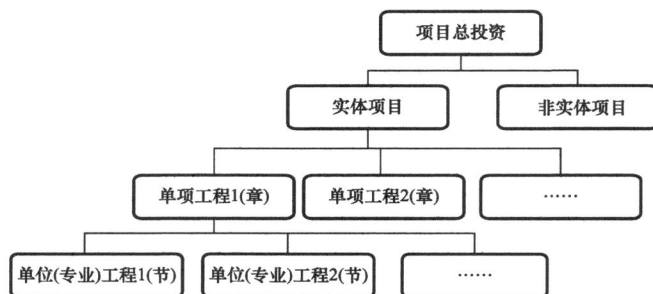

图 2-5 多层级清单结构图

2）构建多层级清单体系

按多层级清单格式，清单由章、节、部、项和子项 5 部分的 10 位号码组成。这有利于工程建设各阶段投资控制和造价数据的积累、利用与共享、施工过程结算等，结合施工工艺、建筑市场的承发包模式，构建三个层级的清单体系，分别对应估算（节的层级）、目标成本和概算（部的层级）、招标清单（项、子项的层级）。多层级清单体系如图 2-6 所示。

3）改进与市场化清单匹配的工程量计算规则

为贯彻《住房和城乡建设部办公厅关于印发工程造价改革工作方案的通知》（建办标〔2020〕38 号）中改进工程计量和计价规则的工作任务，本项目从利于市场询价、自主报价、竞争定价的方式，修订工程量计算规则和计算口径。改进工程计量和计价规则，打破 BIM 技术在造价方面的规则壁垒。

工程量以设计图示实物量计算，即按实体工程净量计算，不考虑预留量、消耗量、非设计图示或规范要求等因素，将实体净量之外的其他因素归集到综合单价中。这样解决了工程量清单与 BIM 文件导出的工程量清单规则一致性的问题。

改进工程量清单项目的划分及项目特征。以施工工艺、施工部位、功能用途等为基础，按同类材料、不同规格列项，完善项目特征描述的详细内容。

工程名称：医技综合楼地下室工程-建筑工程

序号	项目编码 章	节	部	项	子项	项目名称	项目特征	计量单位	工程量	综合单价最高限价（元）	综合单价（元）	合价（元）	工程量计算规则	备注
01	02					第二章 医技综合楼地下室								
02	02	01				第一节 建筑工程								
03	02	01	01			一、拆除工程								
04	02	01	01	01		拆除工程								
05	02	01	01	01	01	建筑物拆除	1.建筑物名称：消防水池、旧水泵房 2.主体结构：钢筋混凝土框架结构 3.建筑物高度及层高：按图纸要求综合考虑 4.拆除部位：建筑物整体拆除 5.对旧有建筑物周边设施进行保护所采取的必要措施 6.废料回收利用 7.其他：满足招标文件、施工图纸及相关技术规范要求的后续施工条件	m²					以平方米计量，按建筑物的建筑面积计算	
06	02	01	01	01	02	建筑物拆除	1.建筑物名称：旧有原门诊、医技综合楼停车库拆除（单独地下室） 2.主体结构：钢筋混凝土框架结构 3.建筑物高度及层高：按图纸要求综合考虑 4.拆除部位：建筑物整体拆除 5.对旧有建筑物周边设施进行保护所采取的必要措施，包括但不限于土方开挖、回填及钢筋混凝土保护墙等内容 6.废料回收利用 7.其他：满足招标文件、施工图纸及相关技术规范要求的后续施工条件	m²					以平方米计量，按建筑物的建筑面积计算	

图2-6　多层级清单体系

（2）改进招标控制价的编制方法，淡化按定额确定招标控制价

本项目招标控制价的编制，一方面进行市场询价，综合考虑清单项中会出现的相关因素，部分消耗量参考现行定额并结合实施方案进行考虑；另一方面通过永道公司的建设工程造价指标指数系统（以下简称 ICII），协助招标控制价的编制。通过导入招标工程量清单，ICII 通过大数据与人工智能技术，在清单价格库中进行全量智能匹配，找到与待组价清单高度相似的清单数据（以下简称基准清单），分析这些基准清单的综合单价组成，根据每组数据的空间分布特点，自动适配最优的数学统计模型，计算出待组价清单的与市场最为贴近的单价。

为了让清单单价更加符合市场化，在分析基准清单综合单价组成的同时，ICII 将基准清单中的主要材料（以下简称基准清单材料）抽取出来，通过大数据与人工智能技术，在材料价格库（图 2-7）中进行全量智能匹配，通过分析特定时间段内材料价格的分布情况，判断基准材料价格是否合理，不合理的基准材料价格将不被采纳，并基于材料价格库生成符合条件的材料价格给到待估算清单。通过清单价格库与材料价格库的双层"加持"，ICII 能够轻松协助完成更加贴近市场情况的招标控制价的编制。

图 2-7 ICII 建设工程造价指标指数系统材料价格库

（3）引导投标人自主报价，通过竞争合理定价

本项目实施市场询价、自主报价。招标清单配套详细的投标须知，将项目的主要内容（特别是与传统模式有差异的部分和要求）详实告知，投标人按招标图纸和投标须知自主报价。

（4）招标文件和合同条款与市场化清单、投标报价须知的配套

采用了"招标人所列清单项目及工程量，投标人应自行核实"的机制将工程量清单的

准确性调整为由投标人负责，以形成连贯的定价机制。由原来的清单工程量不可变、只进行单价竞争的模式转变成工程量清单的准确性由招标人负责的做法。

另外，在招标文件中明确开标后的清标、澄清和修正要求，并将清标后的清单纳入合同，作为合同附件，由此解决清标内容的合法性问题。

（5）清标、回标分析，探索制定评判报价合理性的规则

1）清标、回标规则

制定清标、回标的规则。确定清标的规则包括：

① 未响应招标文件要求或响应程度存在偏差；

② 对新增清单的算术性复核；

③ 对主要材料、综合单价价格偏高项或偏低项进行评判。有以下几种方式：

方式一：招标参考价；

方式二：有效投标报价的算术平均值×$A\%$＋招标参考价×（$1-A\%$）（A 为比重）。

2）清标的主要内容

① 对《综合单价分析表》中主材损耗率不合理部分（例如 0）进行清理并要求进行确认；

② 对同一规格型号材料价格不一致的进行清理，并确认若发生变更等合同约定调整价款时，以有利于甲方的方式进行处理；

③ 将材料及设备价格严重偏离市场价的材料进行清理，并进行确认。

3）分析制定合理价的评判规则

本项目为双限价，如果综合单价低于招标控制价的 15%，要求澄清说明；对主要材料及设备中价格严重偏离市场价的材料及设备进行分析，并要求澄清说明。

澄清内容和作为合同附件的澄清回复如图 2-8 所示。

（6）配合自主报价、竞争合理定价的机制，提出合同建议

1）投资目标是基于工期、质量和安全的前提下的管控，合理分配甲乙双方风险，对合同的执行和项目的双赢至关重要；

2）自主报价、竞争定价的机制的形成，及澄清说明的有关内容，既作为合同的附件，也作为实施过程执行及处理工程变更、结算管理的依据。

4. 施工过程

（1）实施阶段投资目标动态管控

1）建立、完善与项目管理流程相匹配的制度和流程。现场变更处理流程图如图 2-9 所示。

广东省中医院中医药传承创新工程项目施工总承包
回标分析问题澄清记录表

序号	问题	回复	备注
广州市第三建筑工程有限公司 　　根据招标文件规定进行回标分析，发现贵方投标报价文件存在以下问题，请贵方按照招标文件规定自查并予以澄清或明确(包括但不限于以下所列问题)；贵方如有其他疑问需要澄清的，请一并提出，否则合同签定后将以有利于业主方执行。请贵方于合同签订之日起至少提前一天以上，以正式盖章文件予以回复确认。			
一	招标文件响应程度		
1	所有《综合单价分析表》主材损耗率为0，请确认。		
2	《主要材料及设备价格表》中出现材料及设备名称与规格参数不一致的情况，施工过程中若出现工程量增加，则按下面所列价格，请确认。 1.成品钢质防火门(双扇甲级)，税前材料价796元/m² 2.成品钢质防火门(双扇乙级)，税前材料价650元/m² 3.2mm厚湖蓝色同质透心PVC塑料地板，税前材料价209.63元/m² 4.2mm厚柠檬黄同质透心PVC塑料地板，税前材料价209.63元/m² 5.600mm×600mm铝扣板，税前材料价54.46元/m² 6.600mm×1200mm铝扣板，税前材料价145.26元/m² 7.耐磨砖600mm×600mm，税前材料价68.63元/m² 8.10mm厚楼梯防滑砖(规格综合考虑)，税前材料价115.19元/m² 9.防滑砖600mm×600mm(厚度综合考虑)，税前材料价115.19元/m² 10.防滑砖400mm×800mm×10mm，税前材料价237.99元/m² 11.800mm×800mm×10mm瓷砖，税前材料价89.09元/m² 12.5mm厚400mm×400mm浅灰绿色方块釉面砖，税前材料价99.09元/m² 13.300mm×600mm×10mm瓷砖，税前材料价96.09元/m² 14.300mm×300mm×10mm瓷砖，税前材料价92.09元/m² 15.6mmLow－E+12A+6mm绿色钢化玻璃，税前材料价304元/m²		
3	《综合单价分析表》《主要材料及设备价格表》中均未对以下材料进行报价，施工过程中若出现工程量增加，则按下面所列价格，请确认。 1.成品钢质防火门(单扇甲级)，税前材料价754元/m² 2.成品钢质防火门(单扇乙级)，税前材料价738元/m² 3.成品钢质防火门(单扇丙级)，税前材料价712元/m² 4.无机涂料，税前材料价26元/kg		
……	……		

图 2-8　回标分析问题澄清记录表

2) 建立重大变更经济分析和比选的机制。

3) 编制和修正资金计划。编制投资月报，并根据季度、年度实际施工情况修改资金计划，督促施工单位有效地、合理地利用资金。

4) 建立投资例会机制。定期开展以造价咨询为主导的例会，定期探讨、解决、总结改革过程中、施工过程中遇到的问题。

5) 利用CDOM对项目资金、合同、过程资料进行动态管理，做到直观体现建设项目全生命周期的动态变化。

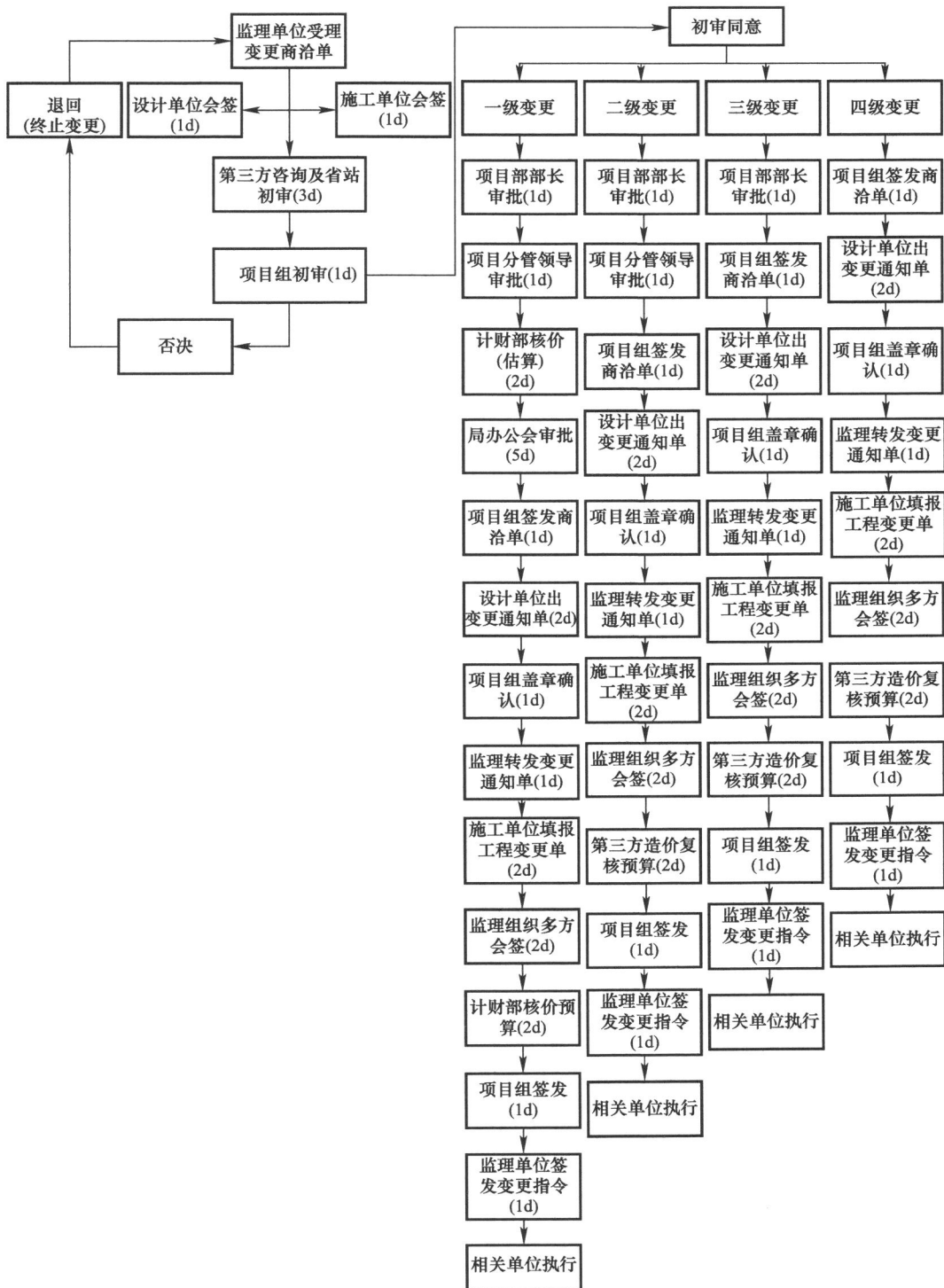

图 2-9　现场变更处理流程图

（2）试点项目施工过程结算

为加强本项目施工合同履约，及时支付合同价款，本项目贯彻建办标〔2020〕38号文中"推行施工过程价款结算和支付"的任务，试点项目采用了施工过程价款结算和支付。根据项目结构特点划分过程结算时间节点，并对结算周期内完成的工程内容开展工程价款计算、调整、确认及支付并进行约定。具体结算节点有：基坑/边坡支护、±0.000以下结构工程（不包括基坑/边坡支护工程）、±0.000以上主体结构工程、装饰工程。并在合同中约定，施工过程结算是竣工结算的有效依据，通过施工过程结算，及时核实、完善项目资料，解决"结算难"问题。

5. 结算实施计划

（1）结算与支付

结算价款＝施工过程结算价款（1）＋…＋施工过程结算价款（4）

施工过程结算价款（1）＝合同价（1）±∑（变更＋签证）

（2）结算数据应用

按多层级清单结构，项目结算完成后，其估算、目标成本（概算）、合同价、结算价指标已自动形成，并形成前后的对比，简单分析、梳理变化的原因即能作为投资后评价的基础资料，也有利于建设单位、咨询企业和施工企业的数据库建设。

三、思考与建议

1. 用户需求提出及编制问题

用户需求是项目立项和设计的最主要依据，建设单位和使用单位一般没有编制技术规格说明书的意识或能力，设计单位也缺乏主动性，这为设计成果的质量和工作推进带来一定的困难。

对于综合性、复杂的重大项目，由专业的团队或机构开展客户需求调研、分析与统筹专项工作，编制用户需求书，为设计招标、方案设计、初步设计和施工图设计提供指引。

2. 设计管理需促进技术、设计与经济相融合

（1）落实专项设计，为项目的精细化管理提供可能性。专项设计缺失或推后，不利于投资目标的确定和限额设计的实施；

（2）分析影响项目的敏感因素并实施限额设计和多方案比选，有必要的可聘请专业团队参与；

（3）图纸稳定性和深度问题的管理，对造价成果文件的编制和经济分析至关重要；

（4）设计合同应明确项目投资管控目标，并与设计成果文件的验收、工作考核和合同价格挂钩，以产生约束力。

3. 招标制度配套问题

（1）重构评审、定标的流程和周期

招标、评标、定标，按现行招标投标法的相关规定，评标、定标不利于实现"市场询价、自主报价"机制，难以对投标报价的合理性进行分析，可能造成中标结果存在瑕疵，不利于后续履约管理和投资控制。

（2）全过程造价咨询最好承担招标采购的工作

一方面，开标评标都是在交易场内封闭进行的，评标专家在短时间内很难熟悉全部清单内容并完成清标分析工作，需要借助咨询人员完成具体的对比分析工作；另一方面，现行评标的时间和周期也不具备分析的时间和条件，待定标后进行清标分析，就会比较被动。

4. 招标控制价"双限价"问题

本试点项目未能改变"双限价"的传统做法，在一定程度上限制了市场报价的竞争程度，投标人仍可能围绕招标人公布的价格通过不同程度的下浮进行报价。

5. 招标管理部门要求绿色施工安全防护费仍作为不可竞争费

该项费用按照传统做法是按定额计取的，是否允许在遵守相关规定的前提下实现费用竞争，值得商榷。若改革不彻底或没有应对措施，就会存在少部分费用依然依靠定额，而后续取消定额后无据可依的尴尬局面。

6. 最高投标限价的确定

淡化或取消定额后，最高投标限价是以批准的设计概算为依据，还是按照施工图重新编制更为合理？

初步设计概算一般是由设计院按照定额编制并报发展改革委审批，而初步设计图纸达不到施工图深度，以概算为基础设定最高投标限价，可能与实际施工图纸产生差异，管控难度相对较大。按确定的施工图编制，淡化定额编制后最高投标限价编制团队应解决以下几个问题：

（1）与施工技术方案配套的问题。

（2）团队成员专业结构的问题；团队中应有编制施工方案能力的人员，对专项工程、工艺等提出可行的施工方案，并作为最高投标限价编制的参考依据。

（3）建立数据的收集和分析系统。

7. 改革动员与宣传的建议

在开展本项目的清标工作中发现，拟中标单位未能很好地理解改革的方向，落实投资目标管控思路，这需要省改革小组进行有效的宣传与动员，推动、引导市场及各参建单位对造价改革的理解、支持和参与。

第三章

探索诉前调解， 快速解决工程经济纠纷
——以东莞市工程造价行业协会试点项目为例

（东莞市造价行业协会　广东泰通伟业工程咨询有限公司）

一、建设工程经济类纠纷的现状

伴随改革开放和社会发展的不断深入，我国的经济发展迅速，城市化进程加快，市场投资规模不断扩大，房地产市场持续升温，直接推动建筑行业蓬勃发展。由于建设工程的专业性和复杂性强、参与的市场主体较多、参与的单位及人员良莠不齐，所以纠纷产生的原因多样化，加之大多数建筑市场参与者对建设领域相关的配套法律法规意识薄弱，导致工程合同在实施过程中存在大量的不规范甚至违法行为，从而产生纠纷，激发矛盾或造成群体事件，造成不可避免的经济损失，以及给社会带来不利影响。

2019 年的政府工作报告提出："要努力打造良好的营商环境，让企业家安心搞经营、放心办企业"。《住房和城乡建设部办公厅关于印发工程造价改革工作方案的通知》（建办标〔2020〕38 号）文件中强调："须积极探索工程造价纠纷的市场解决途径"。《广东省工程造价改革试点工作实施方案》也明确要求：各级住房和城乡建设主管部门要完善工程造价纠纷处理机制，指导造价主管机构联合行业组织成立专家委员会，与司法、仲裁机构形成合力，妥善化解工程造价纠纷。这展现了新时代的政府着力促进社会和谐，降低市场交易成本，化解社会矛盾，服务于人民群众的良好愿望。

地处珠三角的东莞，作为粤港澳大湾区的中心，一直以来也是著名的"世界工厂"，经济非常活跃，随着产业转型升级的加快推进，企业投资活动持续增长，城市范围不断扩大，在经济往来频繁的同时，引发的工程类纠纷和诉讼案件居高不下，并且呈逐年上升趋

势。工程类纠纷案件又以经济合同纠纷居多，与工程造价密不可分，以至于最近几年中国建设工程造价管理协会及各地区建设工程造价管理协会均成立了工程造价纠纷调解工作委员会，并制定了相应的调解机制和调解规则。工程纠纷产生后，仅有少量的建设单位和施工单位愿意向住房和城乡建设主管部门或建设工程造价管理协会申请调解，大量的纠纷均诉至法院或仲裁机构。建设工程纠纷的主要特点有专业性强、工程规范多、市场交易规则和交易习惯特殊、合同实施周期长、过程资料多、涉及法律关系复杂、争议问题突出、涉及金额较大、诉讼成本高、审理难度大、结案效率低下等。人民法院在审理工程纠纷案件过程中对于证据的调查、收集、裁判难以做到有的放矢，对案件的裁判要点难以准确把握，给案件的审理带来较大的困难，造价纠纷往往需另行委托专业机构进行鉴定。总之，大多数建设工程经济纠纷很长时间都难以结案，是人民法院审理案件的难点和痛点。

东莞市工程造价行业协会（以下简称造价协会）于 2018 年成立了纠纷调解委员会，旨在承接并推动工程造价行业的纠纷调解，受理当事人因履行建设工程合同和建设工程相关合同中发生的造价及财产性权益纠纷，协助人民法院和仲裁机构调解造价纠纷案件，并提供专业技术支持。造价协会纠纷调解委员会自成立以来，主动上门申请专业调解的纠纷非常少，收效甚微，社会效应不明显，专业优势未能得到充分应用和展现。

据东莞市第三人民法院统计，近年来，工程经济类纠纷案件逐年增多，纠纷发生后，经历立案、调查证据、分析案情、开庭、裁判、执行，办案周期较长，证据资料多，争议数额大，耗费司法资源较多，法官在审理过程中也需寻求专业技术支持（图 3-1）。如何高效审结案件、提高司法服务效率、最大限度地节约司法资源和发挥专业优势，响应和落实住房和城乡建设部关于工程造价改革工作方案指导意见，以及最高人民法院关于全面推进一站式多元纠纷和诉讼服务体系建设，加快构建中国特色纠纷解决和诉讼服务模式，东莞

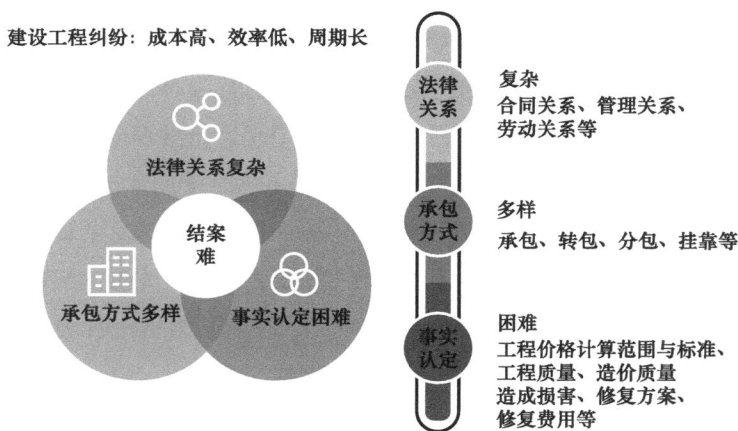

图 3-1　工程纠纷现状图

造价协会与司法机关积极探索研究，对涉及的工程经济类纠纷案件建立司法调解与行业协会调解相结合的矛盾纠纷处理机制，充分发挥行业协会的专业优势，促进建设工程纠纷快速、多元化解，为纠纷当事人排忧解难，助力建筑行业健康有序发展。

二、建设工程经济纠纷诉快速解决途径的探索

（一）建立工程经济纠纷诉调对接机制

遵照住房和城乡建设部建办标〔2020〕38号文中关于工程造价改革的精神，落实广东省住房和城乡建设厅关于广东省工程造价改革试点工作方案，广东泰通伟业工程咨询有限公司紧抓时代机遇，响应工程造价改革号召，积极主动投身于行业的改革和探索，深入人民法院系统内部调研，探索工程造价纠纷快速解决的方法和途径。尝试由造价协会与东莞市第三人民法院（以下简称人民法院）搭建工程经济纠纷案件对接和管理平台，利用造价协会会员单位的专业优势和技术资源，联合司法系统权威，建立工程经济纠纷案件诉调对接机制，使得造价协会在立案前介入纠纷调解。造价协会与人民法院密切配合，共同签署《诉调对接促行业发展合作备忘录》，合力化解当事人之间的矛盾。

（二）成立调解小组

工程经济纠纷由造价协会调解委员会统一协调管理，从会员单位中选聘经验丰富、沟通和协调能力强的资深造价工程师或高级工程师成立工程经济纠纷调解小组，由人民法院和造价协会联合签发调解员聘任证书。

（三）案件的诉调转换

建设工程合同纠纷当事人诉求人民法院立案解决时，由人民法院诉讼服务中心对当事人进行疏导劝解，根据当事人意愿，在立案前或案件审理过程中，均引导当事人到造价协会进行专业调解。

（四）实行信息化管理

利用广东法院多元化纠纷调解平台，在微信端登录操作。适合调解并经当事人同意转由造价协会调解的案件，法院统一在平台建档。录入收案时当事人提供的信息，上传证据资料，在平台上分配案件，发送分案信息，无需当事人到造价协会注册进行纠纷调解。调解员在手机微信上可随时随地查看和下载案件信息，通过平台向当事人发送信息。人民法院和造价协会纠纷案件管理员可随时查看调解进度，监督调解过程等，在平台上实现信息

互通，高效、便捷。

（五）纠纷调解规则

1. 遵循合法正当原则

调解必须在法律允许的范围内进行，应当以事实为依据，以法律为准绳，不违反法律、行政法规等强制性规定，不损害国家利益、公共利益，以及公民、法人和其他组织的利益。

2. 遵循便民原则

当事人同意造价协会参与调解后，调解员应及时收集和分析当事人提供的证据资料，准确判断调解方向，及时组织当事人洽谈、沟通。线下调解时，选择调解场所时，尊重当事人意愿，可选择在法院调解室或造价协会设立的调解室进行，也可选择在调解员所在的造价协会会员单位内进行。

3. 遵循自愿公平原则

对部分建设工程纠纷案件需进行造价金额鉴定的，调解员在调解时应充分尊重当事人的意见，当事人既可以自主选择是否在调解阶段进行鉴定评估，也可以自主选择诉讼或其他纠纷解决方式。调解员调解时不以拖促调，不在调解中偏袒任何一方当事人。调解员不得违背当事人意愿强行调解，当事人不接受调解员提出的调解方案时，调解员不得胁迫或强制当事人接受调解方案。

4. 遵循及时高效原则

建立诉调对接机制的目的在于节约当事人的诉讼成本。调解员运用专业知识分析当事人证据资料，客观听取当事人意见，快速化解矛盾纠纷，促进社会经济的良性运行。建设工程经济纠纷，根据法院机关内部分类，调解期限一般为 30 日；适用普通程序的，调解期限为 15 日；适用简单程序的，调解期限为 7 日；因案件需要鉴定造价或出具专家意见报告的，可延长调解期限，不受上述限制。

5. 遵循保密原则

调解员应遵守保密规则，除法律要求或执行要求外，不准对外透露有关调解的一切事项。

6. 遵循惯例原则

建设工程经济纠纷调解时，可参照商业惯例、行业规则、交易习惯进行调解，促使当事人按业内规则达成和解协议。

7. 调解收费透明原则

调解过程中涉及需提供造价鉴定或出具专家意见报告的，收取的调解费用应当与当事人协商，做到公开透明。

8. 遵循结案登记原则

纠纷调解结束后，不论是否达成调解协议，应当详细填写《调解情况登记表》，并记载争议事项。调解情况和无争议的事实，在调解结束后 3 日内上传多元化纠纷调解平台，供司法机关查阅和监督。

9. 调解终止情形

调解过程中有下列情形之一的，应及时终止调解程序：
1）当事人达成调解协议的；
2）调解期限届满的，当事人未能达成调解协议的；
3）任何一方当事人明确表示不愿意继续调解的；
4）调解员认为已无法调解成功的，通过平台发送终止调解通知信息的；
5）其他导致调解终止的情形。

（六）纠纷调解程序及操作流程

1. 案件分配

当事人计划立案诉讼的案件，经法院疏导转换为纠纷的案件，法院诉调案件管理员在多元化纠纷调解平台进行一级分案，并向造价协会纠纷调解管理员发送短信。造价协会纠纷调解管理员收到案件分配提示短信后，登录线上平台进入分案菜单，对案件进行二级分配，并向调解员发送短信。

2. 调解员办案

调解员在收到案件分配提示信息后，以调解员身份输入手机号登录线上办案平台，在"我的案件"列表中可以查看案件的详细信息，选择接收案件或退回案件，如图 3-2 所示。

图 3-2　调解员办案界面图

接收案件以后，调解员可在线查看"收案登记基本信息"界面图中的"当事人信息"，可查看和下载案件材料，如图 3-3 所示。

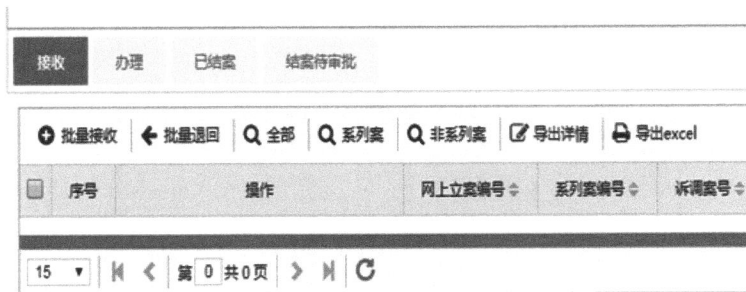

诉调案号:	（2022）粤1973民诉前调1786号
原一审案号:	
调解类型:	委派调解
立案申请时间:	2022-01-26 16:07:54
立案登记方式:	网上立案调解
案由:	建设工程合同纠纷
标的金额:	295438.0000
是否敏感案件:	否
诉讼请求:	判令被告上海同百建设科技股份有限公司（下称同百）立即支付尚欠工程款人民币295780及利息（以欠款295780元为本金，按月利率1自起诉之日起开始计算至实际偿清之日）；判令被告东莞市嘉和房地产开发有限公司（嘉和）承担连带偿责任；三、本案的诉讼费由被告承担。 案由：合同纠纷

图 3-3　案件信息图

调解员审阅案件材料后，及时与当事人联系，根据案情开展线上或线下调解工作。

调解过程中，调解员需要求当事人补充资料，可在平台新增与当事人的联系情况和联系内容，并将信息发送给原、被告当事人。

调解员在平台记录调解情况，可供随时查阅。

3. 结案

调解完成后，在"调解处理"页面录入调解结果信息，选择"结案"结束调解。

经调解撤诉的案件，上传结案登记表（表3-1）和撤诉申请书以及当事双方收款凭证。

需司法确认的案件，须上传调解协议书（图3-4）、结案登记表（表3-1），并整理纸质材料移交承办法官组织司法确认。

调解案件结案表　　　　　　　　　　　　　表 3-1

案号		案由	
原告		被告	
调解员		调解员电话	
接受调解时间		调解终结时间	
调解时间	第一次：　年　月　日　　　　　　第二次：　年　月　日		
调解地点	□法院　　　　□调解工作室　　　　□其他（　）		
调解结果	□达成调解协议　　　　□调解未成 □原告撤诉　　　　　　□其他		
双方主要争议焦点			
无争议事实	当事人（签名）		
调解未成原因			
备注			

调解协议书

原告：(自然人姓名、出生年月、性别、民族、职业、单位或住址；法人及其他社会组织的名称、地址、法定代表人姓名及职务)
被告：
第三人：
纠纷简要情况：(简述当事人双方纠纷起因及争议内容)
××法院委派(委托)××调解员调解对案件进行调解。(简述案件来源)经调解，双方自愿达成如下协议：(载明协议内容、履行方式、履行期限以及协议书的生效时间等内容)
本协议一式四份，双方当事人、××人民法院、××调解组织各持一份。

当事人(签名)

调解员(签名)

年　月　日

图 3-4　调解协议书模板

不同意调解的案件，须上传不参与调解确认书。若当事人拒绝或无法填写，可由调解员记录并填写结案登记表。

未达成协议的案件，须上传结案登记表，表内需记载双方调解意愿及无法达成协议的争议点。

诉调纠纷结案流程如图 3-5 所示。

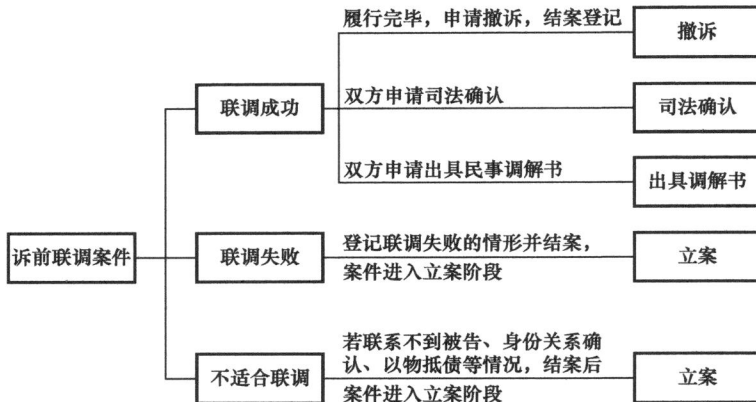

图 3-5　诉调纠纷结案流程图

（七）调解员的聘任

（1）造价协会负责调解员的聘任和管理工作。

（2）造价协会会员单位定期推荐品德良好的且经培训合格的资深造价工程师或高级工程担任工程经济纠纷调解员。

（3）调解员具备的基本条件如下：

1）有良好的政治、业务素养，遵守法律法规，维护国家和社会公共利益，维护当事人的合法权益；

2）品行端正、公道正派、认真勤勉、注重效率；

3）有良好的沟通和协调能力，应变能力强；

4）专业知识过硬，有丰富的项目管理和工程结算经验；

5）有高度的责任感和奉献精神，热心调解工作；

6）经培训合格。

（八）诉前调解业务管理

（1）调解案件统一由造价协会分配和建档管理。

（2）造价协会定期组织调解员培训学习。

（3）造价协会定期召开调解工作总结会。

三、取得的成效

自 2021 年 1 月 14 日东莞市第三人民法院和东莞市造价行业协会签订诉前纠纷处理机制合作备忘录以来，造价协会共收到人民法院在立案前疏导同意调解的案件共 121 件，经造价协会调解员参与调解的共 31 件，达成调解协议撤诉的案件共 11 件，调解成功率达 35％。其他均为非工程造价类纠纷案件或被告联系不上的案件。

1. 降低诉讼成本

建设工程纠纷一旦进入诉讼程序，需耗费大量的人力、时间以及大量司法资源。纠纷进入诉前调解流程后，调解员利用专业知识和经验，快速对纠纷作出评判，有调解意向的当事双方，在调解员的撮合下，能在极短的时间内（最多不超过一个月）达成一致意见，极大地减少了当事双方的人力、物力和时间成本，减少了司法资源的投入，有效降低了诉讼成本。

2. 提升行业服务能力

调解员主要来自造价协会下辖的各造价咨询企业，经过大量的工程经济纠纷调解后，调解员能深入地了解纠纷的起因和根源所在，积累纠纷相关解决方案，增强咨询企业服务能力，提升行业影响力。总结纠纷案例调解成果，转化应用到后续的咨询过程中，针对可能产生纠纷的事项制订相应的防范措施，减少建设工程实施过程的纠纷，合理化解建设工程竣工结算阶段的争议，为项目实施保驾护航。

尝试造价协会调解建设工程经济纠纷，是顺应行业发展趋势和市场需求，是造价咨询企业的服务延伸，是造价协会服务行业的务实举措。通过纠纷调解成功案例示范，不断地总结和分享，形成可复制、可推广的经验，并辐射全行业的纠纷处理，为探索全过程工程咨询服务和项目管理提供技术支撑。

3. 提升造价人员的业务能力和知名度

调解员在调解过程中，运用其专业知识和高超的情商，在当事人之间斡旋、明辨是非，尽力撮合争议焦点问题，化解矛盾，展现了调解员极强的专业能力和优秀的人格魅力，得到了当事人的信任。调解员通过分析和总结纠纷调解成功案例，自身能力得到了提升。积累的纠纷调解经验，为行业提供学习模板，提升行业纠纷处理能力，赢得行业和社会信任，以更好地服务行业和社会。

4. 社会效应明显

建设工程经济纠纷诉前调解机制经过一年的运行实施，造价协会参与纠纷调解实现了零的突破，且调解成功率较高。从法院疏导过来的案件数量和实际调解情况来看，说明纠纷当事人愿意选择行业专业人士调解替代烦琐的诉讼。随着调解员队伍的不断扩大和调解机制的逐步完善，纠纷调解的成功率会越来越高，定会得到社会的普遍认可。造价咨询机构利用其纠纷解决的经验，大力推广造价协会调解的优势，鼓励和引导更多的市场主体选择咨询服务，防范纠纷风险和合理地化解纠纷矛盾，减少诉讼，节约司法资源，维护建设市场良性健康的运行，降低交易成本，实现行业自治，促进社会和谐。

5. 契合改革，务实创新

东莞市造价行业协会探索诉调对接机制，响应和落实了住房和城乡建设部、广东省住房和城乡建设厅关于工程造价改革的部署。造价协会介入化解建设工程纠纷，成为广东省乃至全国首创，是东莞市造价行业协会服务行业的务实创新之举，延伸了协会的服务链条。广东省建设工程标准定额站高度赞扬东莞市造价行业协会积极响应改革，充分发挥造价协会的组织职能，做好模范带头作用，推动工程造价市场化改革进程。积极探索纠纷解决模式，积累可复制、可推广的经验，提升建设行业风险防范和化解能力，以支撑中国工程咨询产业走向国际化。

四、工程经济纠纷快速解决的建议

东莞市造价行业协会与东莞市第三人民法院开展诉调对接合作，仅仅是对第三人民法院辖区内的涉工程经济类案件的调解，经造价协会调解的案件只是全市众多建设工程经济纠纷案件的一部分。经第三人民法院引导过来同意调解的涉工程类案件就有 100 多件，还有部分案件不同意调解直接走诉讼程序的，可见建设工程经济纠纷案件之多。据东莞市第三人民法院统计，其辖区内每年涉工程类案件就有 300 多件，可见司法机关工作压力之大，耗费大量的社会资源，亟待行业协会自律规范市场行为。利用专业优势为法院和当事人排忧解难，化解矛盾，需要大量的有社会责任感、有情怀的专业人士加入调解员行列，为行业和社会的和谐贡献智慧。

1. 扩大调解员队伍

纠纷案件一般都很棘手，并非人人愿意接受调解，需协会广泛宣传和动员，鼓励更多有志于服务社会的专业人士成为调解员。具备一级造价工程师或资深的造价专业人士，一般都有较强的沟通协调能力，能专业化地处理问题和化解矛盾。建议可以降低高级工程师的选聘要求，让广大工程造价专家加入调解员行列，让纠纷和矛盾回归专业平台，节省社会资源。

2. 调整标准合同争议解决条款

造价协会和人民法院建立诉调对接机制后，人民法院为造价协会调解提供司法保障，造价协会调解更加专业和权威，对化解纠纷更具操作性。因此笔者建议工程总承包合同示范文本通用条款第 86.4.（3）款中增加造价行业协会为争议调解或认定机构，供合同双方产生争议时选择，逐步形成行业协会优先解决纠纷的长效机制。坚持把行业协会解决纠纷模式放在首位，发挥行业协会应有的社会功能和作用，促进行业的健康发展。

3. 造价＋法律服务模式创新

对于大量诉诸法院的工程经济类纠纷案件，原告在纠纷产生时并非寻求行业协会或造价咨询企业调解，而是先找律师咨询和组织案件材料。律师是法律专家，并非工程造价专家，对工程事实和证据认定困难，需要咨询工程造价专家。基于律师和工程造价专家在专业优势上能形成互补，由造价协会和律师协会建立联盟，发挥各自专业特长，在纠纷当事人寻求帮助时，由律师和造价师联合调解，合力化解纠纷，促进社会和谐。

第四章

市场化工程量计价清单结构化、 标准化、 线上化、 数字化系统建设

（美的置业集团有限公司）

2020 年 7 月 24 日，住房和城乡建设部印发了《住房和城乡建设部办公厅关于工程造价改革工作方案的通知》（建办标〔2020〕38 号），这是主管部门为了充分发挥市场在资源配置中的决定性作用，进一步推进工程造价市场化改革所采取的重大举措。同时，广东省结合实际情况，制定了《广东省工程造价改革试点工作实施方案》（以下简称《方案》），主要工作实施方案如图 4-1 所示。

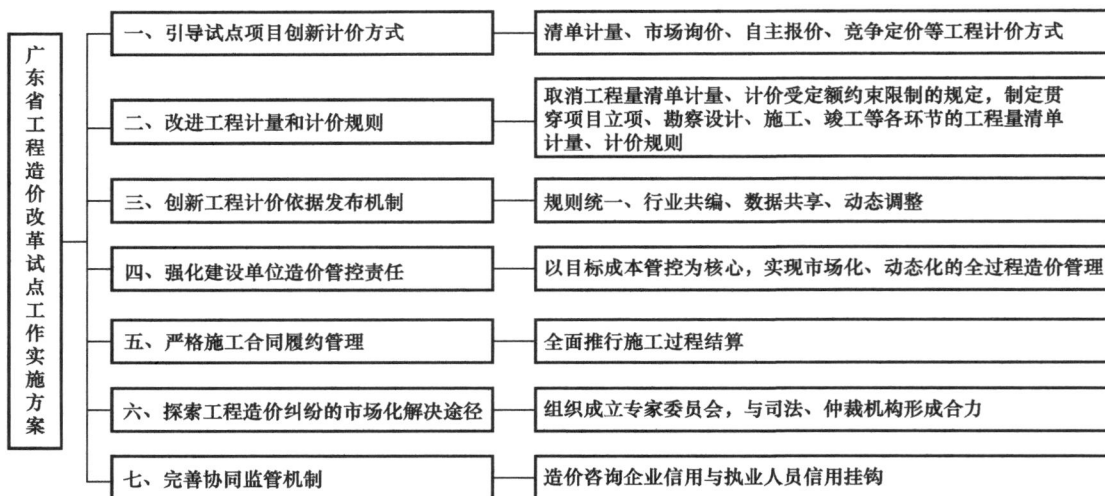

广东省工程造价改革试点工作实施方案		
	一、引导试点项目创新计价方式	清单计量、市场询价、自主报价、竞争定价等工程计价方式
	二、改进工程计量和计价规则	取消工程量清单计量、计价受定额约束限制的规定，制定贯穿项目立项、勘察设计、施工、竣工等各环节的工程量清单计量、计价规则
	三、创新工程计价依据发布机制	规则统一、行业共编、数据共享、动态调整
	四、强化建设单位造价管控责任	以目标成本管控为核心，实现市场化、动态化的全过程造价管理
	五、严格施工合同履约管理	全面推行施工过程结算
	六、探索工程造价纠纷的市场化解决途径	组织成立专家委员会，与司法、仲裁机构形成合力
	七、完善协同监管机制	造价咨询企业信用与执业人员信用挂钩

图 4-1　主要工作实施方案

《方案》中明确：取消最高投标限价按定额计价的规定，逐步停止发布预算定额，采用清单计量、市场询价、自主报价、竞争定价的工程计价方式。本章将从建设方的视角并结合广东省工程造价改革第一批次试点项目"北滘人才小镇项目三期"市场化清单的应用，探讨一下停止发布预算定额后，如何建设企业内部市场化工程量计价清单，如何建设工程造价数据库，如何利用积累的数据指标测算新项目的目标成本，实现市场化、动态化的全过程造价管理等问题。

工程造价贯穿于工程建设的全过程，是一个以数据为中心的专业，但数据不等于数字化，没有数据标签的数据不能被计算机技术识别、加工、清洗、收集、积累、智能应用，不能被应用的数据、不能支撑经营决策的数据均毫无价值。工程量计价清单是计算工程造价的源头，要实现线上化、数字化造价管理，工程量计价清单必须标准化。

一、造价业务数字化工作现状

如今大数据已经渗透到各行各业，但大数据在工程造价行业的应用进程缓慢，主要体现在数据数字化程度低、数据共享缺乏统一标准、数据缺乏动态更新、数据应用程度低等。

1. 数据数字化程度低

工程造价行业仍然处于主要依靠人工进行计算和数据分析的阶段。造价工作是否全面、合理、精确，完全取决于从业人员自身素质。

目前成本数据形同孤岛，业务都是通过 C/S 结构工具软件、Excel 表等完成，数据关联度差，且造价作业端与管理系统未完全打通。Excel 文件容易出现公式链接错误、内容被调整修改等问题，审核工作量巨大。

2. 数据共享缺乏统一标准

住房和城乡建设部在 2013 年发布了《建设工程工程量清单计价规范》GB 50500—2013（以下简称国标清单规范），国标清单规范明确编写清单要求的四个统一（即统一项目编码、统一项目名称、统一计量单位、统一项目特征描述），如图 4-2 所示，但对关键决定清单项目综合单价多少的清单项目特征仅需要列举描述的事项，对项目特征事项的描述没有具体的要求和标准，描述的准确性、严谨性、规范性等取决于造价人员的专业水平。造价人员的水平参差不齐，对施工规范、图纸的理解深度不一，从而所编写的工程量计价清单花样百出，工程数据缺乏统一的语言表达，建立信息化数据库难度大，可应用性差。

桩基工程

C.1打桩。工程量清单项目设置、项目特征描述的内容、计量单位及工程量计算规则，应按表C.1的规定执行。

打桩

项目编码	项目名称	项目特征	计量单位	工程量计算规则	工作内容
010301001	预制钢筋混凝土方桩	1.地层情况 2.送桩深度、桩长 3.桩截面 4.桩倾斜度 5.混凝土强度等级	1.m 2.根	1.以米计量，按设计图示尺寸以桩长(包括桩尖)计算 2.以根计量，按设计图示数量计算	1.工作平台搭拆 2.桩机竖拆、移位 3.沉桩 4.接桩 5.送桩
010301002	预制钢筋混凝土管桩	1.地层情况 2.送桩深度、桩长 3.桩外径、壁厚 4.桩倾斜度 5.混凝土强度等级 6.填充材料种类 7.防护材料种类			1.工作平台搭拆 2.桩机竖拆、移位 3.沉桩 4.接桩 5.送桩 6.填充材料、刷防护材料

图 4-2　国标清单规范截图

3. 数据缺乏动态更新

成本数据一直零散管理，没有集中管理，因此无法有效沉淀而形成数据库。数据更新联动非常困难，造价审核缺乏大数据分析做支撑，数据间的规范标准容易被改动，项目成本测算、预结算审核压力较大，作业人员的工作效率和准确性有待提高。

4. 数据复用程度低

数据散落在作业人员或部分管理者的电脑上，这不利于数据的有效沉淀、分析和再应用。

二、结构化是实现清单标准化的基础

工程量清单的编制依据来源于图纸、技术规范及招标文件的要求，但限于编制人的专业水平、对图纸规范的理解深度、编写习惯喜好等，即使对同一种材料，也会出现多种不同的写法，而不同的写法，对信息技术来说就是不同的材料，这给系统带来大量的冗余数据。如图 4-3 所示，图纸标示为混凝土 C30，不同的造价人员可能翻译出多种描述。

如何实现从图纸的语言到清单编制标准化的转换呢？原来编制工程量清单是做简答

题，基本上没有标准可言，编制质量水平的高低及描述的准确性完全取决于编制人的水平、投入度及对图纸的理解深度，随意性非常大。通过对清单进行结构化处理，将每条清单的项目特征及特征值给予枚举，编制清单的造价人员只能通过下拉菜单选择适用于图纸要求的选项，做选择题，见表4-1，以保证清单描述的标准化，这大大提升了工作效率、准确率，降低了造价人员的门槛。下面以预制管桩为例进行说明。

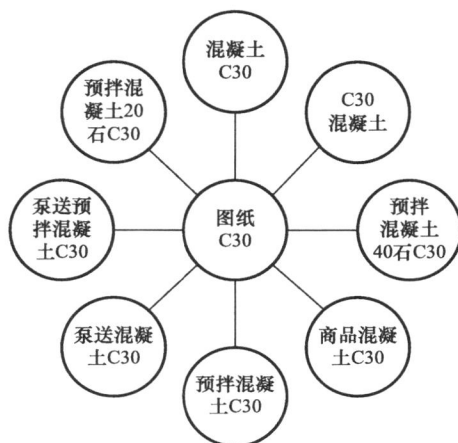

图 4-3　不同造价人员对混凝土 C30
的不同描述

清　单　库 　　　　　　　　　　　　　　　　　表 4-1

清单特征项	属性类型	清单特征值	枚举数
(1) 桩品类、规格型号	主要材料	详见表4-2 材料库	75
(2) 沉管方法	枚举	(1) 锤击法；(2) 静力压桩法；(3) 振动法	3
(3) 接桩方式	枚举	(1) 顶端板圆周坡口槽焊接；(2) 法兰焊接；(3) 浆锚法；(4) 硫磺胶泥法	4
(4) 桩承载性能	枚举	(1) 摩擦桩；(2) 端承摩擦桩；(3) 端承桩；(4) 摩擦端承桩	4
(5) 施工电力供应	枚举	(1) 提供市电接驳；(2) 自行发电；(3) 综合考虑电力供应方式	3
(6) 配桩	枚举	综合考虑长短桩配桩	1
(7) 地质情况	枚举	详见地质勘察报告	1

可组合的清单理论条数：$3 \times 4 \times 4 \times 3 \times 1 \times 1 = 144$ 种。

材料库 表4-2

项目名称	属性类型	材料清单特征值	枚举数
管桩品种	枚举	(1) 预应力混凝土管桩 C60（PC）	5
		(2) 预应力高强混凝土管桩 C80（PHC）	
		(3) 预应力高强混凝土管桩 C80（PHC，铅笔桩）	
		(4) 预应力混凝土薄壁管桩（PTC）	
		(5) PRC管桩	
规格型号	枚举	(1) $D300\times70A$	15
		(2) $D300\times70B$	
		(3) $D300\times70AB$	
		(4) $D400\times95A$	
		(5) $D400\times95B$	
		(6) $D400\times95AB$	
		(7) $D500\times110A$	
		(8) $D500\times110B$	
		(9) $D500\times110AB$	
		(10) $D500\times125A$	
		(11) $D500\times125B$	
		(12) $D500\times125AB$	
		(13) $D600\times130A$	
		(14) $D600\times130B$	
		(15) $D600\times130AB$	

可组合的材料理论条数：$5\times15=75$ 种。

清单与材料主材组合：$144\times75=10800$ 种。

通过结构化清单库、材料库建立数据交换、项目特征描述、项目分类等业务标准，实现造价成果数据可采集、可分析，这是数据标准化、在线化、数字化、智能应用的基础，有效推动工程造价市场化数据的形成与应用。

三、清单列项、特征描述标准化是线上化、数字化的保障

1. 工程量清单划分原则考虑的因素

从 2003 年 7 月 1 日发布的第一版《建设工程工程量清单计价规范》GB 50500—2003

到 GB 50500—2008、GB 50500—2013，再到现在即将发行的 GB/T 50500—2022，国标清单规范经历几个版本的迭代后，已经非常成熟，但企业标准清单，可以国标清单规范作为蓝本，在此基础上根据企业自身的情况进行适当的修改、扩充、完善，这样不管是企业自身使用，还是委托全过程造价咨询人员使用及施工单位投标报价，都能快速上手、熟练使用。

工程量清单项目划分的核心在于确定分部工程层次的划分原则，目前国际工程有两种通用的划分原则，一种是按工程部位、构件划分，另一种是按施工顺序、工种工序划分。笔者认为，不管是哪种划分方式，因建筑的单件性、专业的多样性等特点，很难以某一种方式就能划分得清楚，或者没有必要就一味地追求唯一的标准，清单项目划分应达到的目的是追求适用性并兼顾项目管理（如工作结构分解 WBS，在一定程度能上满足项目计划、实施、检查、评估等一系列项目管理工作），这样清单与项目管理能有效的衔接。同时，目前推行市场化工程量计价清单，清单项目的划分还要考虑目前市场劳务分包的模式，这样清单计价才能更好地贴近市场，实现真正的市场化。

目前采用的是清单＋定额组价的计价模式，更大程度是造价人员在行业内流转的清单，价格的高低，价格是否合理，只能是造价人员孤身在博弈。现在推行的市场化清单，编制的清单要求项目全参与方都能读懂、理解，能判断价格的合理性，这样才能做到全员成本。全员成本将成本管理提升到另一个高度，才能更好地将工期、质量、造价作为项目管理的三大核心要素有机结合起来，改变目前造价管理从工期、质量割裂开来单独管理的局面。

按笔者的理解，建筑企业清单，除了参考国标清单规范蓝本外，还要考虑如下因素，如图 4-4 所示。

（1）技术规范与施工工艺保持一致性。

施工工艺不同，所需的机械设备、材料及人工的消耗量不尽相同，如蒸压加气混凝土砌体墙，按现在的工艺要求有厚抹灰普通砌体、薄砌薄抹砌体、免抹灰砌体，因要求的工艺质量水平不一样，厚抹灰普通砌体使用的砌块的质量等级为Ⅱ型，薄砌薄抹砌体、免抹灰砌体使用的砌块的质量等级为Ⅰ型，材料的质量要求不同，价格不同；同时，不同的工艺需要消耗的人工也不同，为更好地体现清单列项描述价值的特征，可以在国标清单规范"砌块墙"的基础上增加"厚抹灰普通砌体、薄砌薄抹砌体、免抹灰砌体"清单。

现行的国标清单规范按钻头是否在土的含水层中将灌注桩分为泥浆护壁成孔灌注桩和干作业成孔灌注桩。钻头是否在土的含水层中，受环境影响的因素比较多，如桩的钻孔深度不同、季节性的影响、天气的影响、地质情况的影响等。泥浆护壁成孔与干作业成孔，因成孔的方式不同，成本固然有差异，但影响不大，同时，在编制清单时判断的难度也较大，同一个工程完全有可能跨越不同的季节（如冬季干作业成孔一直施工到雨季泥浆护壁成孔）施工，或者遭遇天气的变化，持续下雨造成地下水位的变化等，给二次谈价或索赔埋下漏洞，故笔者认为灌注桩的清单可考虑按施工工艺（采用不同的机械成孔方式）划分为：正/反循环钻孔灌注桩、冲击成孔灌注桩、旋挖成孔灌注桩、长螺旋钻孔压灌桩、沉管灌注桩、内夯沉管灌注桩、人工挖孔灌注桩、钻孔（扩底）灌注桩。成孔方式决定使用的机械、施工效率以及施工人工机械成本，因此是泥浆护壁成孔还是干作业成孔，属于施工组织考虑的内容，由施工单位根据地质情况、地下水位的情况及天气季节情况在报价中综合考虑。

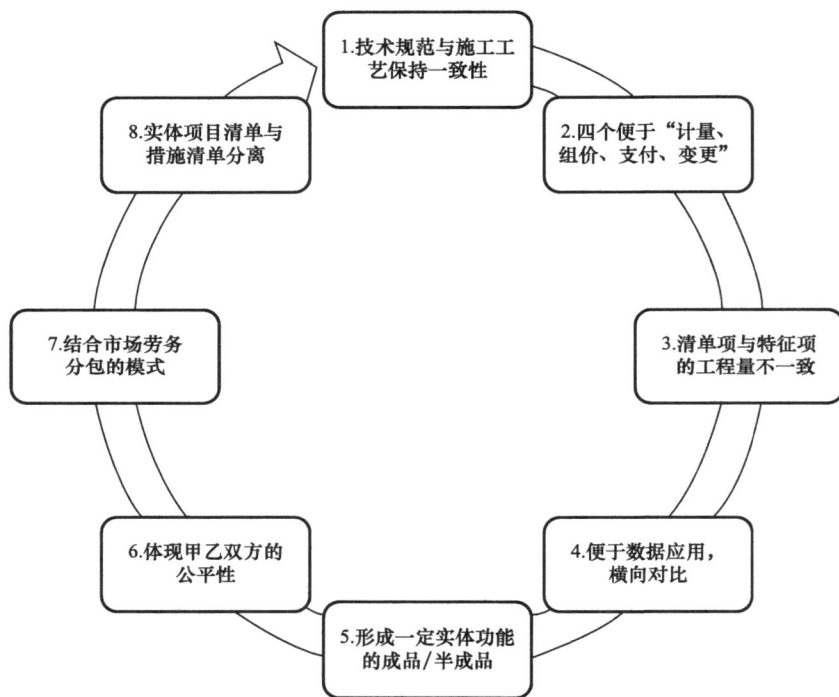

图 4-4　建筑企业清单考虑的因素

（2）四个便于"计量、组价、支付、变更"（即便于工程量计算、便于综合单价组价、便于进度款计量支付、便于处理工程变更）。

清单项目划分过大：综合的内容多，简化工程量的计算，但不利于综合单价的组价，不利于后续变更的处理，不利于过程支付的计算。

清单项目拆分过细：前期的计量相对烦琐些，但便于综合单价组价及变更、过程支付的计算。

如轻钢龙骨石膏吊顶天棚，国标清单规范的特征项目内容见表 4-3。

天　棚　吊　顶　　　　　　　　　　　表 4-3

项目编码	项目名称	项目特征	计量单位	工程量计算规则	工作内容
011302001	吊顶天棚	1. 吊顶形式、吊杆规格、高度； 2. 龙骨材料种类、规格、中距； 3. 基层材料种类、规格； 4. 面层材料品种、规格； 5. 压条材料种类、规格； 6. 嵌缝材料种类； 7. 防护材料种类	m²	按设计图示尺寸以水平投影面积计算。天棚面中的灯槽及跌级、锯齿形、吊挂式、藻井式天棚面积不展开计算。不扣除间壁墙、检查口、附墙烟囱、柱垛和管道所占面积，扣除单个面积大于 0.3m² 的孔洞、独立柱及与天棚相连的窗帘盒所占的面积	1. 基层清理、吊杆安装； 2. 龙骨安装； 3. 基层板铺贴； 4. 面层铺贴； 5. 嵌缝； 6. 刷防护材料

企业清单库示例见表 4-4。

企业清单库　　　　　　　　　　　表 4-4

特征项目名称	属性类型	枚举内容
吊顶天花类型	枚举	一级跌级吊顶；二级跌级吊顶；平面天花
龙骨	枚举	热镀锌轻钢龙骨；木龙骨刷两遍防火涂料
面层材料规格	枚举	单层 9.5mm 厚普通纸面石膏板；双层 9.5mm 厚普通纸面石膏板
侧边封板	枚举	侧面 9mm 阻燃夹板＋单层 9.5mm 厚普通纸面石膏板
综合考虑	枚举	吊杆高度、灯槽开孔、灯具开孔、检修口等基层板加固等施工难度增加费用
工程量计算规则	枚举	按设计图示尺寸以水平投影面积计算。天棚面中的灯槽、跌级、锯齿形、吊挂式、藻井式天棚面积不展开计算

注：1. 增加吊顶天棚的类型："一级跌级吊顶；二级跌级吊顶；平面天花"，不同的吊顶造型，消耗的基层板及人工相差比较大。
　　2. 将表面的涂料分项单独列清单：吊顶的工程量计算规则为按设计图示尺寸以水平投影面积计算，主要考虑的是吊顶造型天棚一般比较复杂，侧板、层板、造型板较多，工程量计算非常复杂，故明确工程量计算规则为以水平投影面积计算；但侧板、造型板见光面表面需要油涂料，这部分图纸标示相对较明确且工程量占比大，故明确工程量计算规则按实际油涂料展开面积计算。
　　3. 符合劳务分包的特点：项目上木工与油漆工通常分为两个不同工种，这样更方便项目上进行成本核算，便于与劳务分包接轨。
　　4. 项目上木工施工完成在前，涂料油漆施工通常在最后，两个工种的间隔时间较长，方便"过程计价计量的支付"。
　　5. 便于变更的处理：如吊顶的基层板选材调整，不影响面层的涂料的价格。

（3）清单项的工程量与特征项的工程量不一致且该特征项的造价对综合单价的影响无规律可循时，可考虑拆分该特征项为独立清单。

例如预应力管桩清单，桩芯混凝土、桩尖按国标清单规范划分是综合在管桩清单的综合单价内的，但现实情况是每一根桩的长度都是不一样的，每一根桩要配一个桩尖，要灌的桩芯混凝土的高度是恒定的，将一个可变（桩长）的工程量捆绑一个恒定（桩尖、桩芯混凝土）的工程量，演变成一个可变量的计价清单。假如 D500 闭口十字桩尖的综合单价为 150 元/个，灌桩芯混凝土 50 元/根，两项合计 200 元。假如桩长为 20m，每米要分摊的桩尖、桩芯混凝土的成本为 10 元/m；假如桩长为 50m，每米要分摊的桩尖、桩芯混凝土的成本为 4 元/m，桩长的不同影响每米桩的综合单价为 6 元。在不同的桩长情况下，影响管桩的综合单价可达 10% 以上。

管桩工程招标时都是按暂定的桩长估算工程量编制清单，若原来暂定的桩长偏短，实际桩长大，对中标单位的结算有利，相安无事；若原来暂定的桩长偏大，实际桩长短比较多，必然会给结算带来争议。

基于上述情况，可考虑桩尖、灌桩芯混凝土从管桩清单分离出来，编制独立的清单。

（4）便于数据应用，横向对比。

为方便数据的积累应用，横向对比分析，如上述示例的吊顶天棚的吊顶清单，将其吊顶表面涂料分列清单；将桩尖、灌桩芯混凝土从管桩清单中分离出来列清单，很大程度上就是基于数据应用，横向对比分析，避免清单捆绑的可变量内容过多，造成不同项目间的数据对比分析时偏离度过大，影响合理性的判断。

（5）形成一定实体功能的成品/半成品。

清单列项不适宜过细，要体现实体清单的特点，不能像现行计价定额的列项，细化到每个工序。

（6）体现甲乙双方的公平性。

清单的列项不建议描述一些有失公平的字句，如满足设计、规范、施工、验收要求。

（7）结合市场劳务分包的模式。

例如目前比较流行使用的铝合金模板，常规的租赁计价方式是约定一定的工期如 10 个月，在一个项目以满足现场标准层起至施工三层为标准的一套模板（包括一层楼的楼面板、一层竖向墙板、一层楼梯、三层的铝合金模板支撑系统及早拆头）作为约定的计算规则，以混凝土接触面积如 600 元/m² 方式进行租赁，假如本项目的标准层为 30 层，模板材料的租赁成本就是 20 元/m²，基于此，对铝合金模板需要在项目特征描述中约定本项目可周转使用的次数，与传统的木模板材料可周转使用损耗次数完全不同。

（8）实体项目清单与措施清单分离。

四、基于清单标准化的基础上，实现业务的线上化

为实现招标投标、预结算清单计价在线化，构建造价数据库，保证过程成果数据有据可查，关键指标数据有效沉淀及造价作业效率的提升，实现造价管理业务的全面线上化，系统线上化的建设基本思路如下：

（1）建基础：建立清单标准库、工料标准库、综合单价库等标准库，便于成本管理各阶段业务快速调用，提高工作效率。

（2）在线计价：实现工程造价编校审线上作业，满足线上、线下表格兼容性需求，规范过程管理，提高工作效率和质量。

（3）业务协同：打通全业务链条，各作业环节无缝对接，避免数据流失，打破数据孤岛，形成闭环的项目成本高效管控，且可及时刷新动态成本的数据。

（4）数据资产：实现工程全过程造价数据管理，指标数据自动归集，为预结算审核、成本测算、动态成本回顾、投资测算提供基础数据。

（5）深化集成：未来与 BIM 算量软件无缝对接，为 BIM 协同管理系统提供数据支持。

五、数字化（智能应用）

通过云技术、智能算法，对自动采集的数据进行分析，形成包含工程量清单数据、组价数据、人材机价格、各类技术经济指标等市场化大数据库，以指导前期投资拿地前成本测算及新项目目标成本测算等工作，充分发挥数据价值，实现数据循环利用，赋能经营决策。

1. 指标自动沉淀

指标分析的纬度如图 4-5 所示。

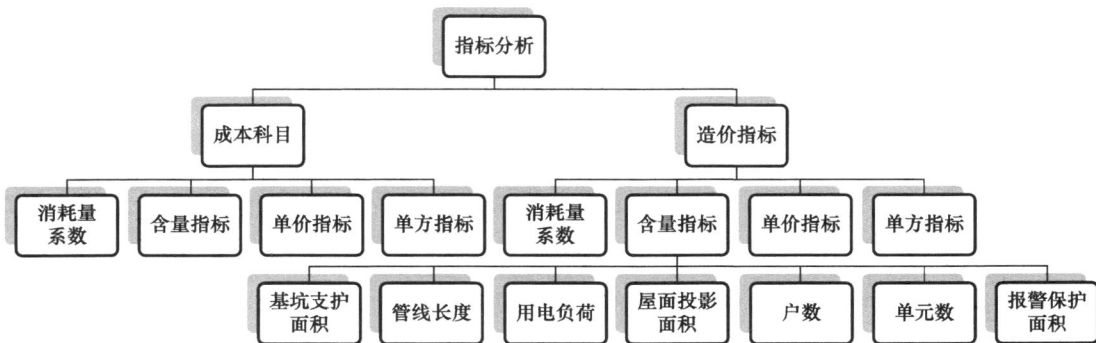

图 4-5　指标分析的纬度

清单与成本科目：在参考价、中标合同价、施工图预算中进行实时对比，细化到科目级，找出目标成本偏差率。

合约规划强关联成本科目时，当清单映射的成本科目漏项或超出对应的成本科目范围时，排查不对应的原因。

合约规划的范围与招标清单的范围强制校验，必须保持一致，杜绝出现成本科目级清单缺项、多项的情况。

合约规划、成本科目与清单对应的映射关系图如图 4-6 所示。

每条清单与成本科目、合约规划、造价指标建立特定的关联关系，清单起到承上启下的桥梁作用，成本管控达到清单级管理颗粒度，实现真正的精细化管理。

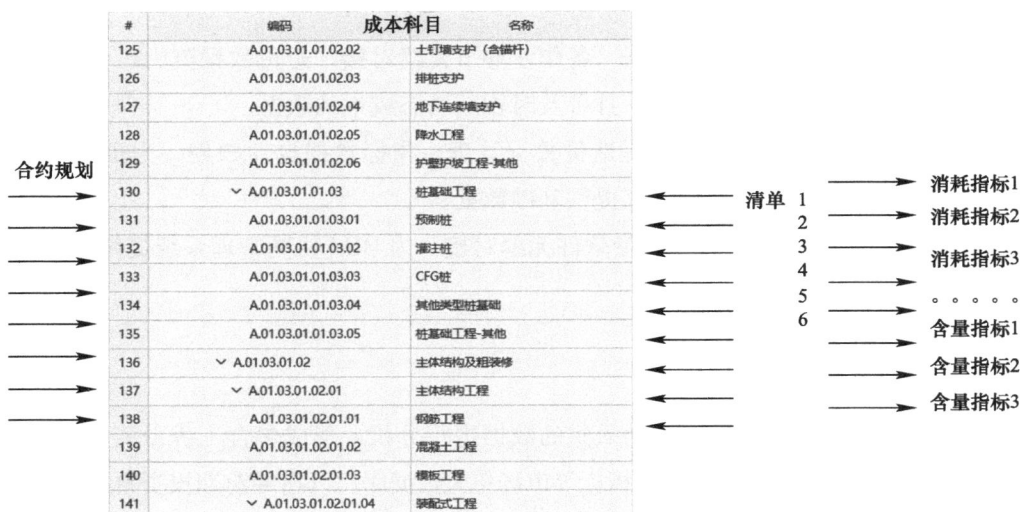

图 4-6　合约规划、成本科目与清单对应的映射关系

2. 自动清标

清标工作是招标过程的重要环节，清标分析报告为评标、定标提供强力的数据支撑。通过线上系统可以实现从综合单价、材料费、措施费、取费等全面检查投标报价的雷同性、错误一致性、报价的规律性等，同时，也可检查投标文件编制是否同属一台电脑设备、地址码等。

线上化计价系统内置不同的算法，按选取的算法（如所有投标报价的平均单价、去掉最高最低单价计算平均价、去掉 N 个最高最低单价计算平均价、中位数、四分位数等）与投标报价的综合单价进行偏离度分析，判断报价的合理性。同时，也可按内置的算法自动计算沉淀市场的平均水平价格。清单分析如图 4-7 所示。

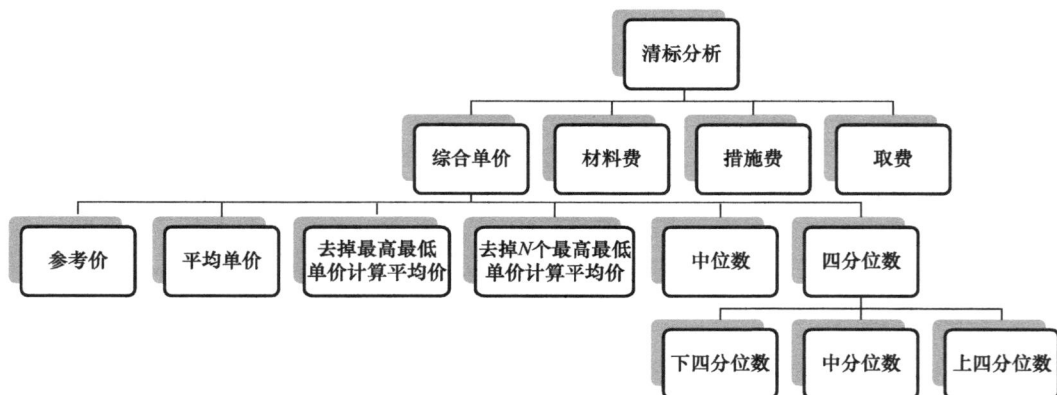

图 4-7　清标分析

两库（清单库、材料库）的结构化，实现了工程量清单业务的标准化；线上化系统建设，实现了工作协同化、高效化；数字化应用，实现了数据的自动沉淀、循环利用、赋能决策，发挥了数据的价值。

六、市场化清单系统在试点项目中的应用

"北滘人才小镇项目三期"作为三龙湾发展重点规划和广东省工程造价改革第一批次试点项目，周边未来同时拥有佛山 3 号线、广佛环线、云轨等轨道交通，真正意义上地接驳广佛市中心。试点项目占地面积 3.20 万 m^2，建筑面积 12.26 万 m^2，有 6 栋高层建筑及 2 层地下室。

作为试点项目，从招标阶段的工程量清单编制、按市场价组价方式编制最高投标限价、投标单位线上报价到评标清标分析、产值计价、过程变更签证价格确认、过程结算、竣工结算等全过程，全面采用线上化市场计价清单的模式。在线计价系统的主要功能组成如图 4-8 所示。

图 4-8　在线计价系统主要功能组成

第五章

提高价格监测预警的工作效率，保持建筑行业稳定发展

——以广东省建设工程材料价格监测系统为例

（广东省建设工程标准定额站　广联达科技股份有限公司）

一、建筑工程材料价格监测的背景及意义

（一）研究背景

近年来，建筑材料市场受宏观政策、资源不足和运输成本等的影响，各地建筑材料价格波动异常，波动范围超出了工程建设各方的普遍预判认知和抗风险能力，严重影响了工程施工和材料供应的正常履约。针对建筑材料市场的影响，广东省住房和城乡建设主管部门大力落实《广东省住房和城乡建设厅转发〈住房城乡建设部关于加强和改善工程造价监管的意见〉的通知》（粤建价〔2017〕248号）规定，加强对市场价格走势的监测、预研、预警，动态调整发布周期，及时发布人工价格和钢材、水泥、砂石、砂浆、混凝土及混凝土制品等主要材料价格以及各类造价指标指数，以引导建筑市场主体对建材价格的变化进行研判，为工程造价的合理确定和有效控制提供支撑。

目前材料价格监测工作存在数据来源缺乏、监测预警方法少、准确性不高等问题，导致监测工作难度大，因此需要采用数字化技术，搭建一个全流程化、全数据化、全自动化的监测系统，以提高造价管理部门对建筑工程材料价格监测预警的工作效率。

2020年7月24日，住房和城乡建设部印发了《住房和城乡建设部办公厅关于印发工程造价改革工作方案的通知》（建办标〔2020〕38号，以下简称38号文），启动造价

市场化改革工作。方案中提到"加强工程造价数据积累：加快建立国有资金投资的工程造价数据库，按地区、工程类型、建筑结构等分类发布人工、材料、项目等造价指标指数，利用大数据、人工智能等信息化技术为概预算编制提供依据。加快推进工程总承包和全过程工程咨询，综合运用造价指标指数和市场价格信息，控制设计限额、建造标准、合同价格，确保工程投资效益得到有效发挥。"它明确了市场价格信息监管的重要性。

（二）研究的目的

通过建立广东省建设工程材料价格监测系统，对影响建筑安装工程质量安全的大宗主材，即钢材、砂石、水泥、混凝土 4 大品类 8 个品种的材料市场价格走势进行监测、预警、预测，进一步提高造价管理部门价格监测预警的工作效率，提高数据的准确性，提高工作水平，改进服务手段与方法，为广东省价格监测预警提供更合理、精确的决策依据。

为响应住房和城乡建设部关于工程造价改革的发展要求"综合运用造价指标指数和市场价格信息，控制设计限额、建造标准、合同价格，确保工程投资效益得到有效发挥"，建立广东省建设工程材料价格监测系统，让建设各方在投标报价、合同签订、材料采购时能够充分考虑材料波动因素，及时采取有效措施，积极防范因价格波动带来的工程造价风险，保障在建项目的正常施工和材料供应合同的正常履约，提升造价管理部门对建筑工程材料的风险管控能力，进而提升其公信力和社会服务化水平。

（三）研究的意义

本课题研究对工程造价改革工作有着积极推进作用。其过程经验、技术积累可为其他造价改革课题提供参考及复用。

对于造价管理部门，可解决其遇到的管理难题：价格采集难、采集周期长、采集数据不足、价格不准、难以满足监测的动态管理需求；价格监测预警缺乏有效的方法和手段支撑；价格预测单靠专家经验难以支撑市场需求；依靠企业报送，材料价格及相关信息较为敏感，与实际市场价格存在较大偏离度，影响结果验证；手工报送数据，工作量较大，企业配合积极性不高等，从而实现造价管理部门职能向工程造价市场化的转型。

本课题研究成功后，将为广东省造价从业人员合理确定及有效控制工程造价等提供帮助；增强造价从业人员在项目前期对目标管理的可控性，做到风险预判；有利于形成"企业自助报价，竞争形成价格"的局面；有利于提升工程造价咨询水平及从业人员的能力；有利于价格回归到市场真实水平，降低真实价格获取的难度。

二、课题研究的主要任务

(一) 主要研究内容

以材料价格监测的核心场景（图 5-1）为指导，主要进行以下内容的研究：

(1) 材料价格指数测算方法研究；

(2) 材料预测价模型研究；

(3) 平台实现路径研究。

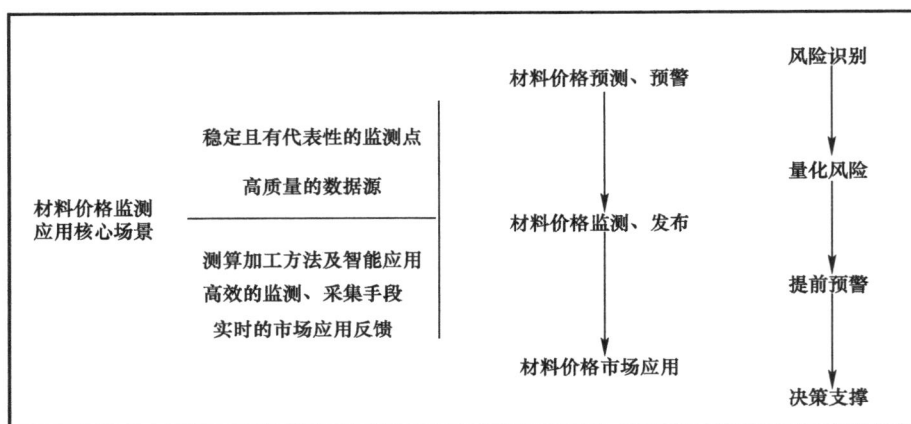

图 5-1　核心场景图

(二) 主要技术研究路线

1. 材料价格指数测算方法技术研究路线

在工程造价管理中，工程材料价格指数有着非常重要的作用。通过对工程材料价格指数研究，对抑制工程无序竞争，维护建设工程发承包双方的合法权益，促进建筑市场健康发展提供更有效的支撑。指数的应用有助于改变我国长期习惯的定额计价模式，探索符合市场实际的工程造价管理的新模式。

材料价格指数测算方法技术研究路线如图 5-2 所示。

2. 材料预测价模型技术研究路线

以目前的钢材、砂石、水泥、混凝土 4 大品类 8 个品种的材料路线为突破点，通过梳理影响因素并将影响因素量化，总结输出因素量化处理规则，再提取样本数据并总结出数据处理规则；在 ARIMA 模型、线性回归分析、决策树、神经网络模型等模型中做多模型比选，选择最优模型输出显著/非显著变量，最终将变量回归系数代入数据计算中，生成预测模型结果。

材料预测价模型技术研究路线如图 5-3 所示。

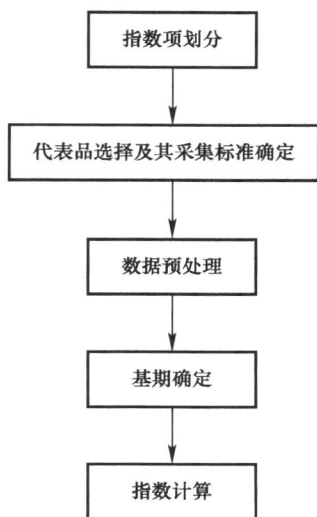

图 5-2　材料价格指数测算方法技术研究路线

3. 系统实现路径研究路线

在材料价格指数测算方法和材料预测价模型研究的基础上，广东省建设工程材料价格监测系统采用 SOA 架构，SOA 架构是建立在一整套开放的标准和技术上的。开放的标准能够从技术底层保证不同应用在不同平台上能相互兼容、互联互通。通过这些标准改造，实现已有或未来应用也具有开放功能的特性，因此它们再也不是那种封闭的私有应用系统了。基于标准的开放的系统不会随着架构变化而被淘汰，反而有效地延长了平台的应用服务生命周期。

SOA 架构的核心是 Web 服务，应用标准访问规范，无论平台中原有的应用是采用哪些技术开发的，如 Java、VB、C、Delphi、PB 等，也无论应用是运行在什么平台上，如 Windows、UNIX 等，都可以保证迅速实现各种异构平台之间的集成。广泛的平台适应性，使复杂业务和数据更容易地集成在一起，从而可以加速平台的建设步伐。

整体应用系统架构设计分为五个基础层级，通过有效的层级结构的划分，可以全面展现整体应用系统的设计思路。

```
┌─────────────────┐
│    梳理影响因素     │
└─────────────────┘
         │
         ▼
┌─────────────────┐
│ 将影响因素量化(总结  │
│ 输出因素量化处理    │
│ 规则)            │
└─────────────────┘
         │
         ▼
┌─────────────────┐
│ 提取样本数据并总结出 │
│ 数据处理规则(包含缺  │
│ 失值插补处理、异常值  │
│ 检验等)           │
└─────────────────┘
         │
         ▼
┌─────────────────┐
│ 优化建模,做多模型比选,│
│ 选择最优模型(ARIMA模 │
│ 型、线性回归分析、决策 │
│ 树、神经网络模型等)   │
└─────────────────┘
         │
         ▼
┌─────────────────┐
│ 选择最优模型输出显著  │
│ 变量/非显著变量     │
└─────────────────┘
         │
         ▼
┌─────────────────┐
│ 将变量回归系数代入数  │
│ 据计算中          │
└─────────────────┘
         │
         ▼
┌─────────────────┐
│   生产预测模型结果   │
└─────────────────┘
```

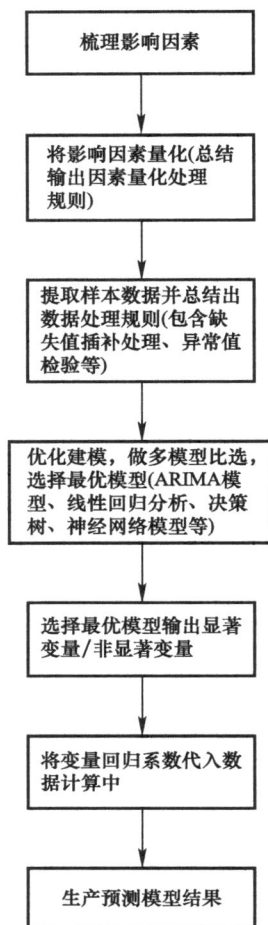

图 5-3 材料预测价模型技术研究路线

（1）基础层

基础层建设是项目搭建的基础保障，具体内容包含网络系统的建设、服务器建设、系统环境搭设等，通过全面的基础设置的搭建，为整体应用系统的全面建设打下良好的基础。

（2）数据层

数据层是整体项目的数据资源的保障。本次项目建设要求实现广东省建设工程材料价格监测系统的搭建，同时实现与第三方数据供应商的对接，因此数据层的有效设计规划对于本次项目的建设有着非常重要的作用。

对于本次系统建设，要保证系统顺利上线，实现材料数据采集、加工及上层应用的全流程打通。从数据来源上划分，我们将本次项目材料数据资源分为系统监测点上报数据和第三方采集数据，其中第三方采集数据为非格式化数据资源，对于非格式化数据资源，我们将通过后台管理端进行数据清洗并转化为内部格式化数据，供用户查询及上层应用。通过对资源库的有效分类，建立完善的元数据管理规范，从而更加合理、有效地实现资源的共享及调用机制。

（3）应用支撑层

应用支撑层是整体应用系统建设的基础保障，通过对业务的研究，实现相关引用组件（包括预测模型、数据分析、消息队列、邮件服务、工作流等）有效的整合和管理。

（4）应用管理层

在图 5-4 所示的系统架构图中，应用管理层反映了广东省建设工程材料价格监测系统的核心业务模块，包含了管理后台、监测平台以及可视化大屏三个模块，每个核心模块下

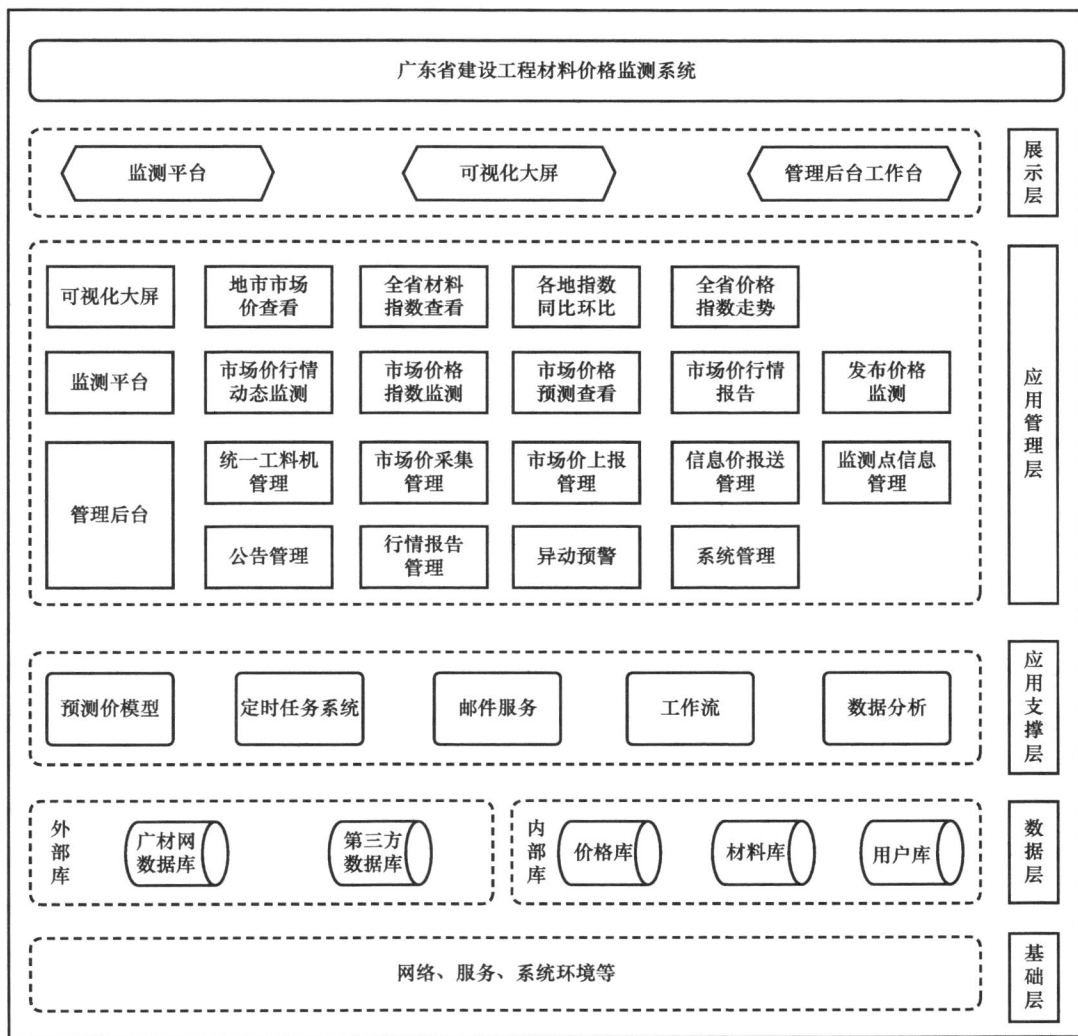

图 5-4　系统架构图

共计 18 个小且不同的用户模块。管理后台是整个系统的核心，完成了材料数据从采集报价到生成分析数据的全流程，可视化大屏及监测平台分别针对不同场景、不同客户需求提供了数据展示接口。通过应用支撑层相关整合机制的建立，将实现应用管理层相关应用系统的有效整合，通过统一化的管理体系，全面提升应用系统管理效率，提升服务质量。

（5）展示层

管理后台工作台的主要作用是为参与材料价格采集、编辑及数据分析全部流程的用户提供可视化操作界面。系统能够根据用户类型进行判断，通过同一个登录界面在后台判断不同的角色、赋予不同的应用功能进行展现。可视化大屏及监测平台通过丰富的图表将结果数据直观地展现给用户。

三、材料价格指数测算方法研究结果介绍

对材料价格指数测算方法技术路线进行研究，研究结果如下。

（一）指数项划分

对于造价主管部门，易通过综合材料价格指数掌握材料价格波动趋势和情况，有利于宏观调控。最终指数项确定为影响工程质量安全的砂石、混凝土、水泥、钢筋 4 个品类的材料价格指数，见表 5-1。

材料品类与指数项   表 5-1

材料品类	指数项
砂石	中砂
	碎石
混凝土	普通商品混凝土
水泥	水泥
钢筋	圆钢
	螺纹钢

（二）代表品选择及其采集标准确定

1. 代表品选择

指数的编制始于物价指数的编制，在编制物价指数时，并非所有的商品都要统计，一

一般选择市场上能够反映对象总体某一属性的综合动态演变且具有代表性的商品作为统计对象，而这些从总体中挑选出的代表性强的商品就是代表品。

样本代表品的选定核心考虑代表性强、数据质量高、连续可获取，数据来源稳定的基本原则。在此基础上，再从应用端、供需端、管理端、价格核心影响因素、统计计算等方面综合考虑。

通过单一代表品与多代表品的对比分析，在指数测算过程中，选择单一代表品比多代表品，有利于指数的测算，同时规避了不同规格品之间权重计取的准确性对指数测算合理性的影响。

最终材料代表品确定为 8 种材料，见表 5-2。

8 种材料代表品

表 5-2

材料品类	材料名称	规格型号	单位	备注
钢筋	圆钢	HPB300 ϕ10 以内	t	
	螺纹钢	HRB400E ϕ25	t	
水泥	水泥	42.5（R）	t	
砂石	中砂	—	t	
	碎石	20	t	
混凝土	商品普通混凝土 20 石	C25	m³	不含泵送混凝土材料增加费
	商品普通混凝土 20 石	C30	m³	
	商品普通混凝土 20 石	C40	m³	

2. 材料采集标准确定

（1）材料价格标准

取定含税的材料原价为采集标准（不含运杂费、损耗费、采保费等）。

（2）材料来源标准

结合应用、市场情况考虑，以实际发生买卖交易、有效的交易信息为原则，考虑生产聚集效应，圈定核心采、供方数据。同时考虑材料买方受到项目实施开竣工的影响，会导致材料价格信息缺失，因此应同时引入材料价格信息服务方的价格信息数据。

（三）数据预处理

基于统计学原理的异常数据处理方式常用的有狄克逊准则、拉依达准则、格拉布斯准则、肖维勒准则，目前已有众多学者在不同场景下对四种数据分析准则进行了深入的分析

· 63 ·

和数据实验。考虑到材料价格指数数据源、样本量等特点，结合四种数据分析准则的优缺点，综合选择格拉布斯准则进行数据分析验证。

采用格拉布斯准则，对采集到的数据进行升序排列，排列后计算平均值与标准差，利用平均值计算出各采集数据的偏离值，偏离最大的是可疑值，计算可疑值的概率密度 G_i 值，对比格拉布斯表的临界值 $G_p(n)$，判断其是否为异常值，若为异常值则剔除，并重新进行测算，直到结果数据趋于稳定。格拉布斯数据预处理流程图如图 5-5 所示。

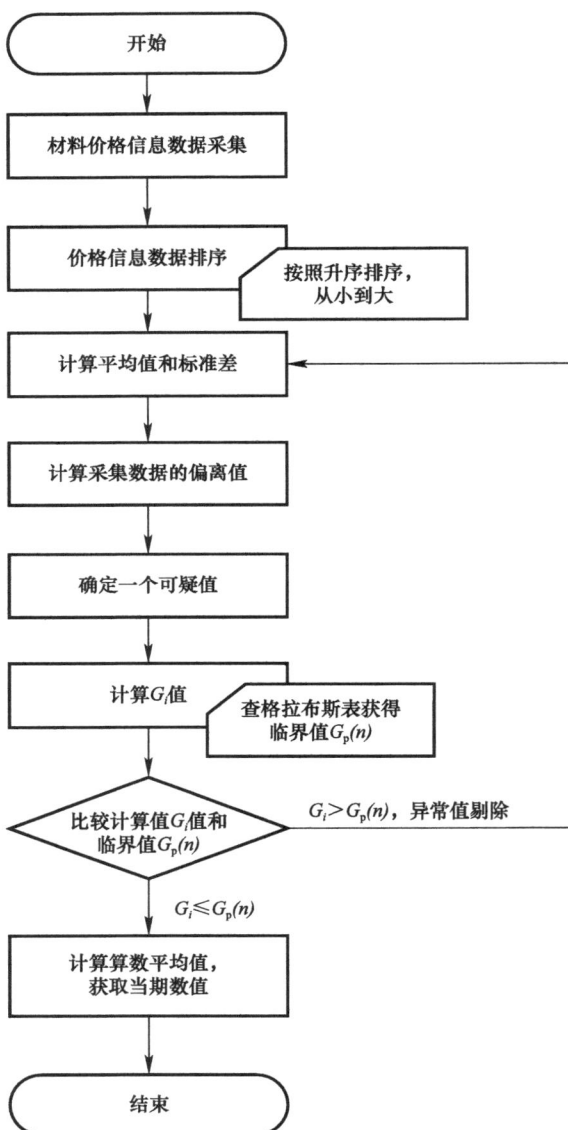

图 5-5　格拉布斯数据预处理流程图

（四）基期确定

基期是相对报告期而言的，通常在价格指数中把作为对比的基础时期称为基期，把与之进行对比的时期称为报告期。在价格指数的编制过程中，基期的价格水平直接影响着价格指数的变化趋势以及价格指数的质量。选择基期应遵从以下原则：

（1）基期所在的年份不能离当期太远，要在当期一定的范围内，如1～2年之内，基期所在年份越久远，当期市场与基期市场的差异越大，不利于做比较；

（2）选定的基期应该是市场近年来在价格变化上最有代表性的时期，要避免将基期定在非常时期（如SARS、金融危机和新冠肺炎疫情等），基期所在的时期必须具备代表性；

（3）材料价格指数应用过程中报告期是统一的，因此在考虑基期合理性的同时，要兼顾报告期数据测算、应用的便利性，同期测算的数据尽可能选择统一的基期。

结合基期选定原则且考虑数据实际应用，为便于对指数形成及指数调差的应用过程进行数据复验，经过对砂石、钢筋、水泥、混凝土对应的代表品材料价格调查，结合指数基期选定原则，统一选择2019年5月为这4个品类材料的基期。定义钢筋、砂石、混凝土、水泥基期指数值为100。

（五）指数计算

指数计算公式如下：

$$P = \frac{P_1}{P_0} \times L$$

公式说明见表5-3。

公式说明　　　　　　　　　　　　　　　　　　　　　　　　　　　表5-3

指数 P	P_1	P_0	L
P 结果保留两位小数	报告期价格，结果保留两位小数	基期价格，结果保留两位小数	基期指数值为100

四、材料预测价模型研究结果介绍

按照材料预测价模型的技术路线进行研究，经过七个迭代的建模对比，最终确定预测价模型并采用神经网络及时间序列模型综合建模，模型精度从50%优化到了90%。目前系统已可以提供2～3个月的预测价格，后续随着量化因子数据采集的加强，数据量的增多，以及模型的不断训练，预测精度会随之增高。

五、平台实现结果介绍

（一）系统概述

基于神经网络（Artificial Neural Network）、线性回归模型（Linear Regression）时间序列分析（Time Series Analysis）形成的数据预测组合模型，并结合计算机数据挖掘技术建立的建筑工程材料价格监测可视化系统，可以实现对广东省 21 个市 124 多家大型建筑材料销售方（生产厂商、供应商等）、建筑材料购买方（房地产开发公司、施工企业等）、建筑材料价格信息数据服务商（广联达等）的钢材、砂石、水泥、混凝土 4 大品类 8 个品种价格信息进行每日自动化采集、统计、分析、短期走势预测、指数测算及行情报告分析等服务，通过数据及可视化大屏为建筑工程交易主体及政府主管部门提供监测结果数据，方便决策。

（二）系统主要建设内容

1. 工料机模板管理

建立统一的材料库，明确监测材料数据范围，对监测材料从名称、规格、单位、编码进行管理。可实现材料分类设置、增加、修改、删除等动态管理。

2. 监测点信息管理

灵活、高效地管理监测点信息，满足对不同地区、不同监测点、不同采集材料的动态管理。

3. 市场价上报管理

多个参与方线上自动或手动报送材料价格，实现对市场价格数据、交易数据等多源头数据的持续收集，解决定额站价格采集难、采集周期长、采集数据不足、价格不准等管理难题。

自动采集通过接口对接形式，对供应商及信息服务商等数据实时采集，更自动化，更高效。

手动采集通过创建监测点，由监测点去上报，系统每天定时汇总。监测点上报方式的特点有：不限时间，不限次数，不限条数；上报方式多样化：支持手动填报、导入 Excel、复制上期报价、上传佐证等形式。快速采集报价，建立一条网上在线上报的绿色通道。

4. 市场价采集管理

采集的数据集中存储，系统对每日采集的监测数据进行管理，每天零点启动当天上报数据汇总计算，按计算规则汇总每个地区的价格并发布展示。管理员可对于异常数据进行撤回，可查看材料详情，查看每天各市材料采集数据情况，系统支持进行数据追根溯源。系统采用多排版导出数据格式，以满足不同场景数据快速调取供线下使用。

5. 监测点上报情况管理

对广东省各监测点每月上报情况进行管理，通过热力图、柱状图等图表，直观展示广东省及各市监测点数量，每月、每天上报数量等，便于造价管理部门快速掌握监测点及上报数量动态。各市及行业协会管理员也可按月份、组织机构等筛选条件快速查询各市各监测点报价天数、条数等详细信息，便于进行监测点管理。

6. 异动预警管理

监测模块自动采集监测数据并进行汇总分析，如价格出现异动，系统将按照预先设置的预警规则发送邮件通知，实时预警，及时高效，实现监测与预警于一体。同时，便于造价管理部门第一时间发布建筑市场材料价格波动风险预警通知，提醒建设各方在投标报价、合同签订、材料采购时能够充分考虑材料波动因素，及时采取有效措施，积极防范因价格波动带来的工程造价风险。

通过热力图、柱状图、饼图等图表，直观展示各市材料价格异动预警情况，可按时间、地区、材料等不同维度查看材料价格涨跌幅情况，便于对异动原因进行深入分析。

7. 监测数据发布

监测数据发布方式采用自动发布，通过可视化大屏及监测看板显示系统发布的监测结果。

在广东省工程造价信息化平台（http://www.gdcost.com）上已展示了系统可视化大屏，可供广东省建设项目各参与方查看使用。

8. 监测数据应用

（1）市场行情动态

通过格拉布斯算法，对市场价格进行测算发布，展示各地区主要建材的每日市场行情价格数据，数据聚合，高效比对。通过图表可以查看价格涨跌趋势，监测到广东省各地市的市场价格动态，及时查看历史数据，对建材市场价格进行实时动态监测。

（2）市场价格指数

采用格拉布斯算法，展示了主要建材价格浮动指数，以及同比、环比等信息，展示了广东省及各地市的建材价格变动趋势和变化幅度，对价格异动地区实行动态预警，为各市场主体通过指数进行投资决策、成本测算、招标投标等工作各环节的风险管控提供依据，完善本地计价依据数据体系。

（3）市场价格预测

通过数据采集、神经网络及时序模型综合建模、计算等方式，对主要建材价格走势进行预测，提供2~3个月的预测价格，为市场主体各方正确研判建材价格走势提供依据。

（4）市场行情报告

按材料种类、地区、时间条件选择数据，一键智能生成建材行情报告，支持导出Word格式文件，操作便捷智能。报告中以分布图、趋势图、柱状图等形式展示价格走势、指数涨跌、异动预警、价格预测等建材行情信息，为市场主体各方提供参考。

（5）可视化大屏

将材料价格指数及环比涨跌情况、异动预警、价格预测等信息，通过可视化的方法呈现在大屏幕上，各项关键数据一览无余，便于造价管理部门快速掌控整体建材价格状况。

六、监测平台应用

（一）监测结果用于宏观经济管理

1. 应用场景

政府宏观经济管理是现代市场经济的重要组成部分。在市场经济中，市场不是万能的，市场失灵需要政府对经济进行积极、有效的干预。处理好政府与市场的关系，正确发挥政府职能，保证宏观经济的正常运行和稳定增长，是宏观经济管理的主要任务。材料市场价格监测预警是价格管理的重要内容，对于稳定市场价格，实现宏观调控目标，发挥了重要作用。

广东省建设工程材料价格监测系统可提供市场价格指数、市场行情报告、可视化大屏等智能化应用结果，用于宏观经济管理。

2. 应用案例

市场价格指数以图表的形式直观清晰地展示了广东省及其各地市监测材料每日价格浮动指数，对建材价格变动趋势和变化浮动进行实时监测，出现异动情况及时预警，为行业主管部门及时掌握市场动态，稳定建筑市场材料价格，提供了有效的支撑，如图 5-6 所示。

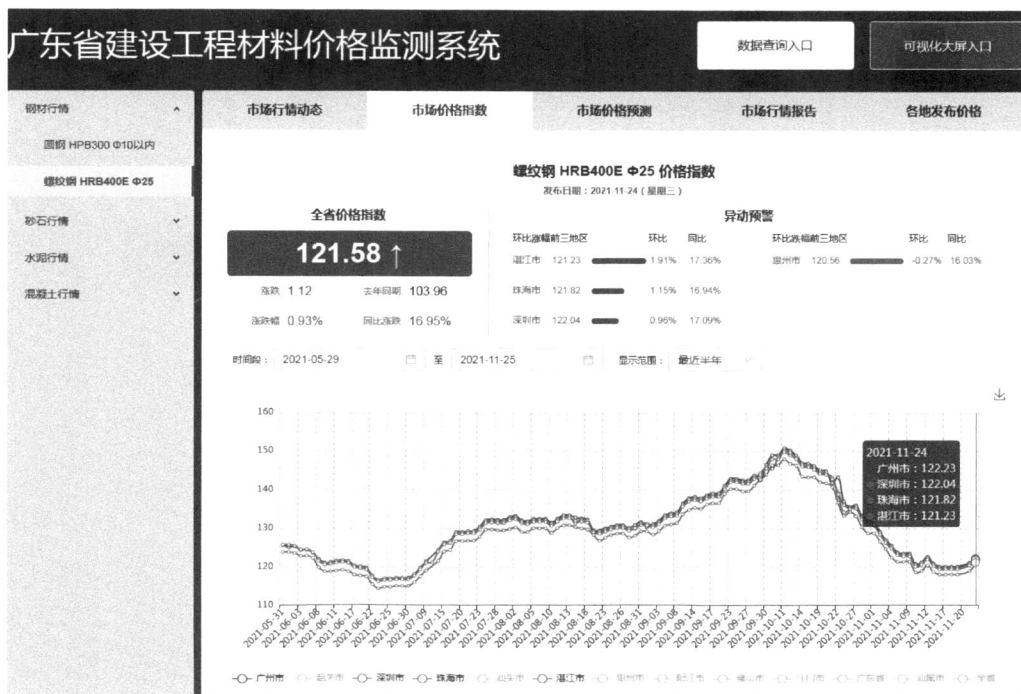

图 5-6　市场价格指数

市场行情报告模块提供的一键智能生成报告功能，以图表文字形式展示出广东省及其各地市价格走势、指数涨跌情况，以及下个月预测价格情况，方便广东省建设工程标准定额站快速编制建材市场行情报告，为企业及个人提供参考。

2021 年通过系统已累计发布广东省基础建材价格走势分析报告 19 余期，如图 5-7 所示。

可视化大屏的展示生动反映了监测数据的情况，如图 5-8 所示。

（二）监测结果用于造价控制

1. 应用场景

建筑工程造价控制是建筑管理的重点环节，在建筑工程的整个过程中都会涉及造价控制。而材料价格的波动很大程度上会影响工程造价，因此需要运用科学合理的方法进行建筑工程的材料管理，从而很好地促进建筑工程造价控制。因此，如何正确有效地确定和控制材料价格，规避或降低其风险，是工程造价管理的主要任务之一。同时，政府投资也需要对价格进行监测，价格的波动会影响政府投资，监测价格能对材料价格波动起到积极作用。

一、C40 商品普通混凝土20 石　价格走势

1.1 地市价格走势

地市价格走势

	广州市	韶关市	深圳市	珠海市	汕头市	湛江市	惠州市
价格	645.93	510.00	535.87	570.71	540.58	467.83	583.26
环比	-2.43%	/	-0.15%	-0.65%	0.11%	-2.20%	-1.64%
同比	0.40%	/	-4.93%	-7.46%	4.14%	-5.88%	-11.89%

2021 年 03 月 01 日至 2021 年 03 月 31 日，广东省 C40 商品普通混凝土 20 石 广州市(价格为: 645.93 元/null)，惠州市 (价格为: 583.26 元/null)，珠海市 (价格为: 570.71 元/null)，价格较高；环比上个月，汕头市 (涨幅为 0.11%)，价格涨幅较高；广州市 (跌幅为-2.43%)，湛江市 (跌幅为-2.20%)，惠州市 (跌幅为-1.64%)，珠海市 (跌幅为-0.65%)，跌幅较大；同比去年同期，汕头市 (涨幅为 4.14%)，广州市 (涨幅为 0.40%)，价格涨幅较高；惠州市 (跌幅为-11.89%)，珠海市 (跌幅为-7.46%)，湛江市 (跌幅为-5.88%)，跌幅较大。

图 5-7　基础建材价格走势分析报告

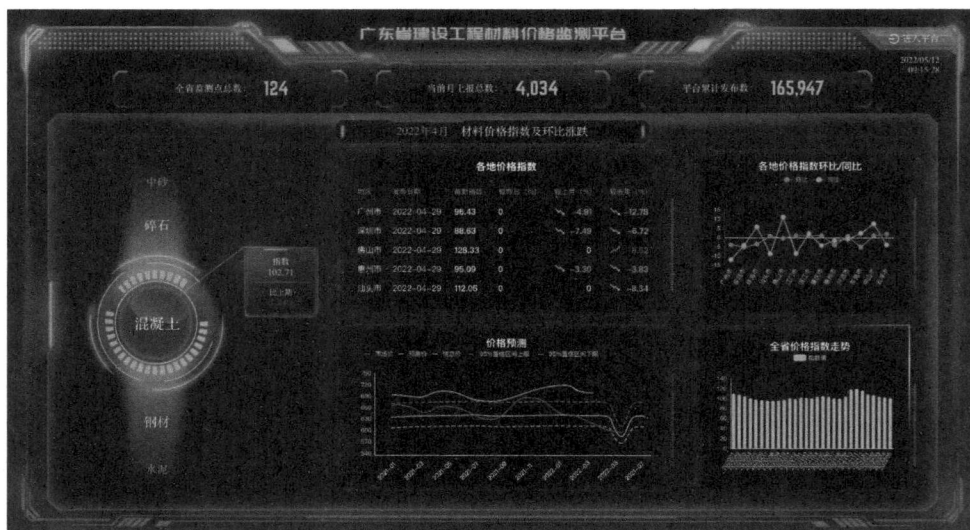

图 5-8　可视化大屏

广东省建设工程材料价格监测系统可提供市场行情动态、价格预警、价格预测等智能化应用结果，用于造价控制。

2. 应用案例

市场行情动态以图表的形式直观清晰展示了广东省及各地市监测材料每日价格动态，对异动情况第一时间进行预警，帮助建设各方在投标报价、合同签订、材料采购时能够充分考虑材料波动因素，及时采取有效的措施，积极防范因价格波动带来的工程造价风险，如图 5-9 所示。

图 5-9　市场行情动态

系统已累计发布异动预警 2740 多次，且 2021 年 5 月及 9 月钢材和水泥价格出现大涨，广东省建设工程标准定额站通过监测系统进行了及时的监测预警，预警通知内容达到了上万条阅读量，受到了社会认可，如图 5-10 所示。

传统价格预测单靠专家经验难以支撑市场需求，系统采用大数据算法，提供 2～3 个月预测价格，为市场主体各方正确研判建材价格走势提供依据，如图 5-11 所示。

异动预警情况查询

按月份查询 按日查询

日期：2021-09-07   地区：全部   材料：水泥 42.5...   查询

地区	材料名称	日期	现价（元）	较昨日（元）	较昨日（%）	较五天前（元）	较五天前（%）	较十天前（元）	较十天前（%）	较三十天前（元）	较三十天前（%）
广州市	水泥 42.5(R)	2021-09-07	547.69	▲ 36.15	▲ 7.06	▲ 45.55	▲ 9.07	▲ 50	▲ 10.04	▲ 80	▲ 17.11
韶关市	水泥 42.5(R)	2021-09-07	471.67	0	0	▲ 33.34	▲ 7.61	▲ 33.34	▲ 7.61	▲ 53.34	▲ 12.75
深圳市	水泥 42.5(R)	2021-09-07	535.63	▲ 35	▲ 6.99	▲ 50	▲ 10.29	▲ 50	▲ 10.29	▲ 80	▲ 17.56

图 5-10 异动预警

图 5-11 市场价格预测

（三）监测数据用于政府部门内数据共享

1. 应用场景

为更好地适应新时期新形势下经济社会发展的客观需求，各政府部门需要利用信息化手段，多渠道、快速、准确地获取和共享信息，切实提升宏观决策、监测分析、应急处置和公共服务能力。广东省建设工程材料价格监测系统采用大数据集中模式，满足多数据源的采集，采集的数据集中在材料价格监测中心，省、市监测点及政府部门通过授权，都可以查询数据，实现数据充分共享。

2. 应用案例

监测平台以开放、共享、服务为原则，提供数据采集能力、数据交换能力、数据服务能力、数据应用服务能力、大数据分析服务能力。

系统提供的接口包括：①市场价数据共享接口，用于将各数据来源、监测点上报并分析后的材料市场价数据提供政府部门内部共享；②预警信息共享接口，共享每日材料价格预警信息，满足政府部门的预警需求；③采集预测价格共享接口，提供预测模型生成的材料预测价格。

七、今后发展方向

广东省建设工程材料价格监测系统，实现了"用数据说话、用数据决策，用数据管理，用数据创新"的发展新局面，助力造价行业主管部门更有效、更快捷地推进工程造价大数据管理模式的真正落地。

广东省建设工程材料价格监测系统研究过程中相关核心技术可输出并复用于其他造价市场化改革业务，且材料价格监测系统可供全国其他省（自治区、直辖市）复用，助力造价市场化改革的推进。

下一步将着力推动数字造价管理。加大数据采集，鼓励企事业单位通过平台发布材料价格信息，扩大建材价格信息数据服务商、生产厂商、供应商、建材购买方的数据采集对接。全面挖掘数据价值，将监测数据与行业其他大数据、工程造价指数指标数据等进行对接，形成共建、共治、共享的行业治理格局。

第六章

统一价格信息发布标准，构建价格信息协同机制

——以工程造价价格信息发布平台项目为例

（广东省建设工程标准定额站改革小组、华联世纪工程咨询股份有限公司、

塔比星信息技术（深圳）有限公司）

一、项目概况

近年来，随着社会发展，科技进步，互联网＋、大数据、共享经济、5G 等新技术、新概念层出不穷，并在社会各行各业应用日益广泛，为工程造价的信息化提供了更多的解决思路和方案，加速了整个建筑行业的更新迭代。

随着计算机计算能力、存储能力、各种算法的提高，如何实现将瞬息万变的建筑材料价格信息实时捕捉、记录、调用，解决长期存在于工程造价行业中价格信息不对称的问题，找到价格信息采集、发布、应用的堵点和痛点，并提出系统性的解决方案，将是本项目的主要任务。

建设部于 2003 年颁布的《2003—2008 年全国建筑业信息化发展规划纲要》中首次提出："建立建筑材料与设备信息库、工程造价信息库、施工工法信息库、建筑新技术、新工艺、新产品信息库等信息资源数据库，建立相应网站，开展网上信息服务与工程招标投标业务等，逐步实施电子商务"。

在这一政策的引领与推动下，全国各地掀起了工程造价信息网的建设高潮，通过对全国各级造价主管部门的造价信息网站的调研，我们发现这些造价信息网站虽经不断发展完善，但仍然存在以下突出问题：

1. 缺乏统一的数据标准

工程造价信息存在数据类型多、数据量大、数据关系复杂、数据更新快等特点，属于典型的大数据范畴。实现工程造价数据的沉淀、积累和互联互通的前提，是有统一的数据标准、规范、管理体系。但当前我国各地、各部门、各组织均因地制宜，采用不同的数据标准，导致数据无法融会贯通，最终形成无数个信息孤岛。

2. 缺乏统一的技术标准

由于我国省市众多，地域差异明显，因此工程造价信息网的建设各有特色，从项目的立项、开发、上线、运营等，没有统一的规划和协调。例如技术层面：上下关联度极强的业务由不同的软件开发商分别设计开发，导致技术底层、架构、方法都存在极大的差异，这些因素的存在客观上非常不利于数据的融合。

3. 数据处理自动化程度不够

由于没有统一的技术设计、数据采集标准及信息发布标准，全国各地造价信息网站的使用受到极大的限制，不少地方还停留在人工采集数据的原始粗放阶段。

4. 价格信息来源渠道单一，信息准确性、可靠性不强

目前各级工程造价管理部门的价格信息采集的主要方式是合作供应商报价和专门的信息员进行市场询价。由于价格信息调查人员并不是真正的客户，生产厂家、供货商报价热情不高，所提供的报价准确性与可靠性不强，所以传统的价格信息采集方式存在渠道单一、来源有限、效率低下，而且更新不及时、价格信息失真等问题。

2020 年 7 月 24 日，住房和城乡建设部发布了《住房和城乡建设部办公厅关于印发工程造价改革工作方案的通知》（建办标〔2020〕38 号），在通知中提出"搭建市场价格信息发布平台，统一信息发布标准和规则，鼓励企事业单位通过信息平台发布各自的人工、材料、机械台班市场价格信息，供市场主体选择。加强市场价格信息发布行为监管，严格信息发布单位主体责任"改革思路。在这一思路的引领下，我们借助计算机信息技术、大数据技术及人工智能技术的最新发展成果，研究建立起统一的人材机数据标准；借助最新的机器学习、人工智能、自然语言识别等大数据技术，打破信息孤岛，实现材料价格数据之间的互联互通；研究建立起统一的价格信息发布标准和体系，引导各方在统一平台上查询全国各地的价格信息，有效解决价格信息分散，区域间信息不互通的问题；研究建立起价格信息对接平台，与第三方交易网站、价格信息服务网站、企业内部交易管理系统打通，动态地、智能地自动化采集价格数据，提高采集效率，扩大价格数据样本量；建立建筑材料设备交易平台，为价格信息发布平台提供稳定、真实的交易价格数据，切实保障价格的真实性。在此基础上建立统一的工程造价价格信息发布平台（以下简称"发布平台"），充分发挥建筑产业链上下游各方的积极性和主动性，鼓励和支持他们自主上报价格信息，实现信息共享，为下一步在全国推广打下坚实的基础。

二、平台建设思路

（一）统一技术标准

由于当前全国材料价格信息发布没有统一的数据标准、没有统一的技术标准，造成材料价格数据无法融合贯通，无法形成数据合力，严重制约了工程造价价格信息采集与应用。标准化是信息化的基础，因此有必要制定统一的相关标准，包括数据标准、技术标准，运营监管、用户入口等标准，在此基础上建立发布平台。

1. 统一数据标准

上报材料价格的主体信息宜包含下列内容（表 6-1）。

发布主体基本信息 表 6-1

序号	主体信息	是否必填
1	单位名称	必须
2	单位类型	必须
3	信用代码	必须
4	营业执照	必须
5	联系人	必须
6	电子邮箱	必须
7	通信地址	必须
8	手机号码	必须
9	单位简介	必须
10	委托授权书	必须

上报材料价格的主体，通过数据对接接口提供的材料及设备特征属性和价格属性宜包含下列内容（表 6-2）。

材料设备市场价格信息 表 6-2

序号	材料设备信息	是否必填
1	材料名称	必须

序号	材料设备信息	是否必填
2	规格型号	必须
3	单位	必须
4	数量	非必须
5	除税单价（元）	必须，和含税单价二选一
6	含税单价（元）	必须，和除税单价二选一
7	税率（%）	非必须
8	价格类型	必须
9	签订合同时间	必须
10	适用地区	必须
11	品牌	必须
12	供应商名称	非必须
13	采购商名称	非必须
14	工程项目名称	非必须
15	价格证明文件	非必须
16	备注	非必须

价格类型代码：001（参考价）、002（综合价）、003（工程价）、004（询价）、005（厂商报价）、006（合同价）、007（结算价）。

2. 统一工料编码标准

为人工、材料、设备等价格信息根据其名称、规格型号、计量单位等特征进行统一编码（表6-3），如同身份证或IP地址一样成为唯一标识，实现数据的互联互通，此过程需借助最新的机器学习、自然语言识别、人工智能技术等计算机大数据技术来建立统一的材料设备价格大数据库。

统一工料编码说明　　　　　　　　　　　　　　　表6-3

编码组构	编码规范	举例说明
大类	以国家标准大类为准，分为人工、材料、机械	人工类A1，材料类A2，机械类A3
国家标准编码	以国家标准二级分类编码为准	综合用工：0001
特征项、特征值编码	1. 特征项分为关键特征项和普通特征项，关键特征项添加K标识符，普通特征项添加N标识符； 2. 特征序号，两位编码； 3. 对每一个特征项所对应的值取三位流水编码； 4. 特征项编码为不定长编码	规格：K01001，材质：N02001
……	……	……
单位编码	两位流水编码	m：01

编码规则如下：最长编码长度为 107 位。例如：螺纹钢筋 ϕ12 Ⅲ 级，编码为 A20101000 01K01001N0200301。

采集的材料及设备数据，打上唯一编码之后，需按统一标准名称入库，按《建设工程人工材料设备机械数据标准》GB/T 50851—2013 附录 A 中对人工、材料、设备、机械的一级、二级类目标准进行分类。

发布平台在《建设工程人工材料设备机械数据标准》GB/T 50851—2013 的基础上，结合项目实际，由广东省建设工程标准定额站和华联世纪工程咨询股份有限公司共同研究制定材料编码规则、数据元标准、价格信息发布标准、价格指数模型等基础标准，形成了《工程造价价格信息发布平台信息发布管理办法》和《工程造价价格信息发布平台信息发布与应用技术标准》两份标准，发挥标准先行、规范引领作用，通过"标准"管理助推发布平台的建设。

3. 统一数据测算标准

制定统一的技术标准包含制定统一的价格测算模型、指数测算模型，以及第三方平台数据接入标准。

（1）参考价的测算模型

参考价应以在指定的区域范围和指定的时间段内的价格信息为样本，先通过箱线图（1977 年由美国统计学家 John Tukey 发明）去除异常样本（偏高、偏低的价格），留下合理样本，再通过正态分布（法国数学家 Abraham de Moivre 于 1733 年提出，又称高斯分布）对合理样本进行计算，所得的正态均值为参考价。

1）通过箱线图算法去除异常样本

箱线图由五个数值点组成：最小值（min），下四分位数（Q1），中位数（median），上四分位数（Q3）和最大值（max）。

四分位距 IQR＝Q3－Q1

最小值 min＝Q1－1.5×IQR

最大值 max＝Q3＋1.5×IQR

小于 Q1－1.5IQR 的值或大于 Q3＋1.5IQR 的值被定义为异常样本，并被去除，留下合理样本。

2）通过正态分布对合理样本进行计算得出正态均值

如随机变量 x 服从一个位置参数为 μ、尺度参数为 σ 的概率分布时：

$$f(x) = \frac{1}{\sqrt{2\pi}\sigma}\exp\left(-\frac{(x-\mu)^2}{2\sigma^2}\right)$$

当 $\mu=0$，$\sigma=1$ 时

$$f(x) = \frac{1}{\sqrt{2\pi}}e^{(-\frac{x^2}{2})}$$

采用正态均值为参考价。

（2）指数的测算模型

发布平台宜因地制宜，根据各类典型工程材料用量和平台的数据样本量情况去编制材料价格指数。先按常用、量大的标准确定要编制的材料价格指数名称，再计算出某一材料价格指数名称之下不同材料（材料名称、规格型号、单位一致的为同一材料）在典型工程中的用量占比，由高至低排序，去掉用量占比小的材料，宜留下用量占比多的材料后，再次计算多种材料的各自占比，最终得出该材料价格指数所用的材料和各材料在该材料价格指数中的权重。

材料价格指数的计算公式如下：

$$I = \frac{P_c}{P_b} \times D$$

式中　I——材料及设备定基指数；

　　P_c——报告期价格；

　　P_b——基期价格；

　　D——基期价格指数，取 100 为基期价格指数。

4. 统一数据对接 API 接口标准

（1）开通流程

开通流程如下：

1）数据提供方在发布平台注册成功，并且通过审核；

2）数据提供方登录发布平台，申请开通数据接口；

3）发布平台运营方对开通申请进行审核，并且通过短信方式，通知数据提供方审核结果；

4）审核通过后系统自动生成数据提供方的加密密钥、数据接口 ID；

5）数据提供方通过登录发布平台，查看审核结果和获取加密密钥、数据接口 ID。

（2）调用数据接口涉及的基础数据

1）地区代码：地区编码与国家现行行政区域编码表述一致，发布区域行政区划代码共有 6 位数字，分为三段。代码的第一段为 2 位数字，表示省级行政区划；第二段为 2 位数字，表示地级行政区划；第三段为 2 位数字，表示县级行政区划。其具体格式为□□□□□□，6 位代码使用应符合国家标准《中华人民共和国行政区划代码》GB/T 2260—2007 的规定。

2）材料分类代码：材料及设备数据，按统一标准名称入库后，需按《建设工程人工材料设备机械数据标准》GB/T 50851—2013 附录 A 中对人工、材料、设备、机械的一级、二级类目标准进行分类。

（3）数据对接 API 接口说明

接口名称：数据上报接口。

接口用途：通过调用本 API 接口，实现第三方平台将价格信息上报到发布平台。

接口提供方：发布平台。

接口调用地址：｛domain｝/prot/api/impormatprice。

接口传入参数：｛"thirdpartyid"："02"，"data"："…"｝。

返回结果：｛"success"："ture"，"message"："…"｝，见表6-4。

数据上报接口返回结果说明 表 6-4

字段	必须	格式	说明	
success	是	bool	结果状态，true：成功，false：失败	true
message	否	string	失败原因	
result	否	list	失败数据	

传递参数说明见表6-5。

数据上报接口传递参数说明 表 6-5

字段	必须	格式	说明	示例
thirdpartyid	是	string	进入应用的数据提供方 ID	02
data	下列数据列表转换为json字符串［｛"name"："…"，"spec"："…"，"unit"："…"，"price"："…"，"taxrate"："…"…｝］，然后加密			
字段	必须	格式	说明	示例
name	是	string	材料名称	防水混凝土
spec	是	string	材料规格	C45
unit	是	string	材料单位	吨
price	否	number	材料除税价，保留两位小数，两个价格必须填写一个	473.29
taxprice	否	number	材料含税价，保留两位小数，两个价格必须填写一个	513.29
taxrate	否	number	材料税率，保留两位小数	0.13
areacode	是	string	价格地区	440100
suittime	是	string	价格时间，格式 YYYY—MM	2021—08
brandname	是	string	品牌名称	

字段	必须	格式	说明	示例
suppliername	否	string	供应商名称	
projectname	否	string	项目名称	
typecode	是	string	价格类型	003

数据提交时，应采用第三方开通数据上报时获得的数据接口 ID 对应的加密密钥进行加密处理，并且进行 URL 编码，发布平台获取 data 参数后，只有能够成功解密数据，才是合法的数据提供方。同时，数据接口对解密后的数据进行校验，对于不满足发布平台要求的数据，注明错误原因，返回给数据接口调用方，同时放弃对该批次上报数据的处理。上报数据错误有如下情况：

1）必填数据没有填写；

2）数据格式不符合要求；

3）数据长度超过要求；

4）基础数据没有按照要求填写；

5）价格字段都为空。

（4）数据加密算法

数据加密采用 AES（Advanced Encryption Standard）128 位加密算法。AES 是美国国家标准与技术研究所（NIST）在 2002 年 5 月 26 日建立的高级数据加密标准，是公认的金融、电信和政府数字信息的加密方法。

（二）统一运营与监管标准

为保证统一平台能健康、持续、稳定地运营下去，需制定相应的管理办法，对信息发布行为主体、信息内容、信息质量进行评估、审查，提出整改意见和处理措施，以实现"完善工程计价依据发布机制，加强工程造价数据积累，搭建市场价格信息发布平台，统一信息发布标准和规则，鼓励企事业单位通过信息平台发布各自的人工、材料、机械台班市场价格信息，供市场主体选择。同时政府部门要加强市场价格信息发布行为监管，严格信息发布单位主体责任"的目的。

1. 统一角色定位

（1）价格信息的发布方

按平台要求注册取得合法的发布身份；按照平台要求发布价格信息，并接受平台运营方的监督与管理，对发布行为承担相应的责任。

（2）价格信息平台的运营管理方

对发布平台的重大问题进行决策；确定发布平台的相关工作标准，例如数据提供方的审核标准、价格发布标准等；负责发布平台的日常运营管理工作，整理反馈和需求，迭代开发，完善网站功能；负责数据提供方资格的审核，材价审核、发布，与数据提供方交流；负责参考价的测算、审核；负责材料价格指数的编制、发布；负责对外宣传、合作，以及各种日常工作。

（3）价格信息平台的使用方

价格信息平台的使用方主要包括建设、设计、监理、施工、咨询单位，政府建设行政管理部门，生产厂家及供货商等建筑行业整个产业链上下游对价格有需求的一切使用方，各方有权按照平台的相关要求查询、使用相关价格信息。

（4）价格信息平台的监管方

各地市造价行政主管部门是价格信息发布平台的法定监管方，其负有对平台运营监管的职责。

2. 统一监管办法

改革方案中明确提出"政府部门要加强市场价格信息发布行为监管，严格信息发布单位主体责任"的要求。

价格信息质量直接影响上报单位各方利益，可能会出现报价虚高、缺乏诚信等现象，从而导致价格信息失真。为保障数据的真实性，准确、及时地反映市场实际水平，发布平台应建立数据备案登记机制、以诚信为核心的信息管理制度和加强市场监管机制，以明确各上报单位的主体责任。

具体监管办法如下：

（1）各单位注册时需提交加盖公章的授权书，严格审核上报单位的账号资格，经发布平台运营方审核通过后，才可以获得加密密钥、数据接口 ID。

（2）各单位的价格通过数据接口发布在发布平台上，接受市场监管。发布平台的注册用户登录后都可对材价信息进行评价，运营方收到评价后，会对评价情况进行复核统计，各单位定期接受发布平台的综合评价，评价差的将列入负面清单，取消上报资格。

（3）平台定期（每季度、每半年或每年）对数据提供方进行综合评价，并建立负面清单，被列入负面清单的个人或企业将取消上报资格。负面清单明细如下：

1）统计期内，数据提供方所提供的材价被评价后扣分最高的前三名；

2）上传的企业或个人的资料、资质等不真实、弄虚造假的；

3）企业破产的；

4）上传的材料价格数据所对应的产品已被明令禁止使用或列入国家淘汰产品目录的；

5）违反国家有关规定的，如发布主体在发布平台发布涉密项目价格信息的；

6）经审查发现存在价格失真、价格操纵行为的；

7）有恶意举报、诽谤其他发布主体发布价格信息行为的；

8）其他认为应予列入负面清单的行为，如拒不接受监管整改。

（三）平台构成

在完成统一技术标准及运营与监管标准等工作后，以此为基础在广东省搭建全国统一工程造价价格信息发布平台，发布平台由价格信息发布平台与建筑材料设备交易平台两个子平台组成。

1. 价格信息发布平台

价格信息发布平台立足材料设备价格信息的采集、清洗、审核、发布及信息发布的运营与监管。平台引导鼓励建设业主、施工企业、生产厂家、供货商、造价咨询机构、政府建设或造价管理部门、询价网站等建设行业各方主体参与发布价格信息，鼓励导入第三方交易平台，政府采购、国（央）企集采系统交易数据，拟采用最新的技术框架，借鉴机器学习、自然语言识别、人工智能等计算机大数据技术，实现不同来源、不同价格类型、不同写法的材料能按统一的数据标准进行自动抓取、自动识别、自动清洗、智能归类、海量存储、高并发、数据交换互联互通和可视化，形成工程造价材料设备价格大数据。提高采集效率，拓展采集范围，扩大价格数据样本量，切实保障价格的覆盖范围。

2. 建筑材料设备交易平台

建筑材料设备交易平台通过在线交易的闭环，为价格信息平台提供持续、稳定、实时的交易价格数据，形成了交易价格数据库。利用互联网技术，动态地、智能地自动化采集交易数据，确保价格信息的准确性和及时性。

交易平台建成后，从政策层面引导各地大中型建筑采购企业进行在线采购，吸引供应商入驻，完成真实、有效的在线交易，不断扩大交易范围，提升交易额，为发布平台持续提供海量、高质的实时交易价格数据。

交易平台鼓励本地国企、国有投资项目、私营企业在公开的交易平台上进行线上交易、电子化招标、采购交易，不断扩大交易品类，交易主体，成为价格信息发布平台稳定的数据源，助力平台快速积累价格数据。信息平台有了大量真实有效的价格数据，才能进行科学测算，发布合理、贴近市场价的参考价格和价格指数，有效促进价格信息的公开透明，这样还可以反过来给予交易平台更多的价格参考。

三、平台框架与功能

（一）平台框架

1. 工程造价价格信息发布平台框架

工程造价价格信息发布平台总体框架有信息采集、信息发布、运营管理、信息监管四个方面。总体框架图如图 6-1 所示。

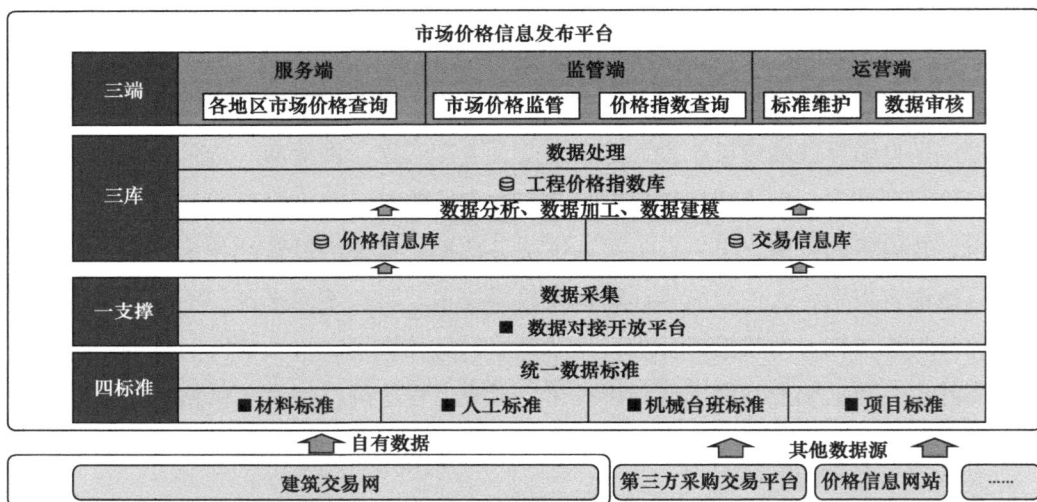

图 6-1　工程造价价格信息发布平台总体框架图

建筑材料的各种人、材、机价格数据在发布平台的流转路径如图 6-2 所示。

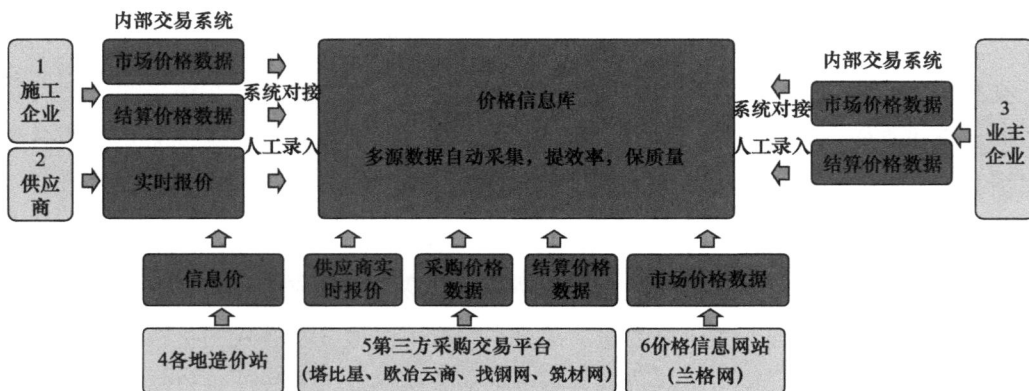

图 6-2　数据流转路径图

2. 建筑材料设备交易平台框架

交易平台采用大型分布式架构方案，基于大数据分析与云计算技术，向建材采购交易平台上下游企业提供信息服务、交易服务、物流服务、金融服务等一站式深度价值服务，实现数据互通、全链融合，综合提升平台运营效率与平台收益，如图 6-3 所示。

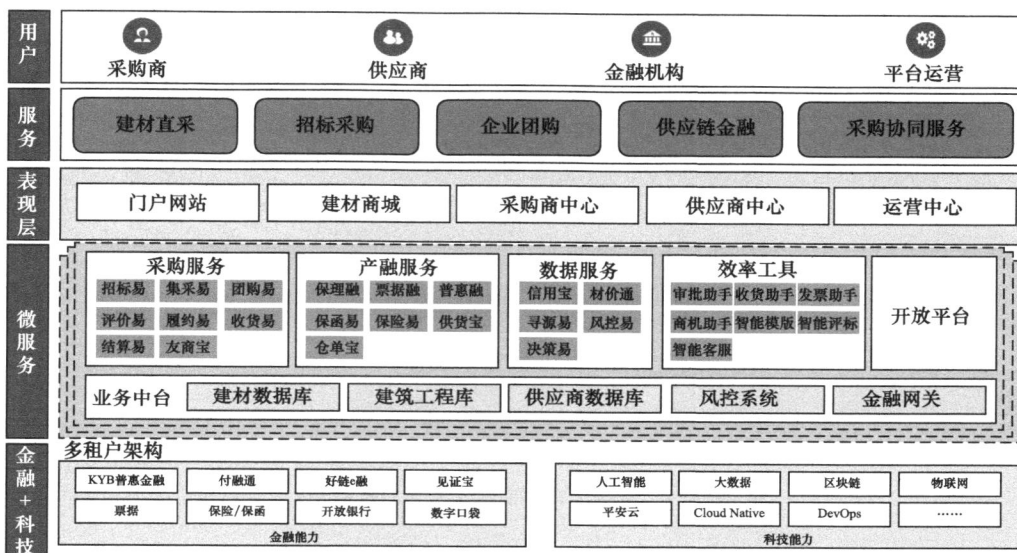

图 6-3　交易平台框架

（二）平台功能

1. 工程造价价格信息发布平台

工程造价价格信息发布平台的主要功能分为信息采集、信息发布、信息查询、运营监管四个方面。平台首页如图 6-4 所示。

（1）信息采集

信息采集主要解决数据来源的问题，主要分为信息获取及数据清洗两个部分，其中信息获取拟建立自主上报模块与第三方接口对接导入模块用于采集原始数据，采集完原始数据后经过数据的清洗与加工为发布做好准备。信息采集、发布流程如图 6-5 所示。

1）信息自主上报

所有上报材料价格信息的单位都需要提供相应的证明资料，以严格信息发布的主体责任，审核通过之后才能获得加密密钥、数据接口 ID，然后才能通过数据接口自动上报真实的市场成交价格,如图 6-6 和图 6-7 所示。

图 6-4　交易平台和信息发布平台的首页

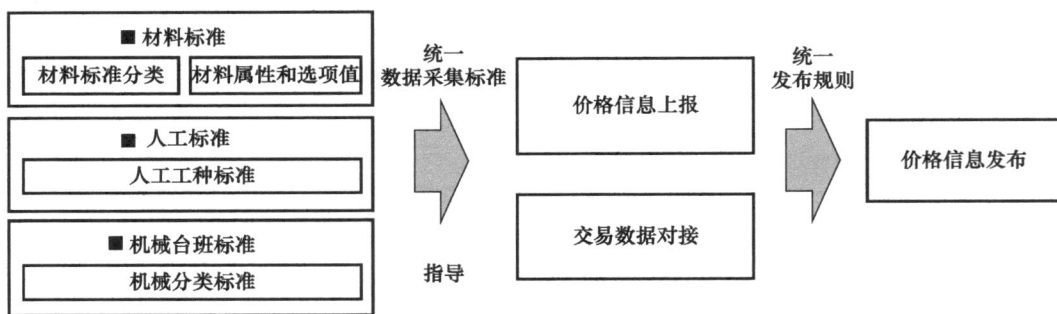

图 6-5　信息采集、发布流程示意图

2）信息对接导入

建立完备的价格数据上报标准接口,供第三方信息服务平台、交易平台、企业内部管理系统自动对接本发布平台,实现价格信息的自动采集,如图 6-8～图 6-11 所示。

3）信息数据清洗

借助最新的大数据技术,如机器学习、人工智能、自然语言识别等,将汇集在一起的各种建筑材料、设备的名称、规格型号、单位,进行自动清洗、自动分类、映射、标准化与脱敏,形成统一的标准数据库,并可根据各种应用场景,实现存储、调用、查询等,如

图 6-12～图 6-15 所示。

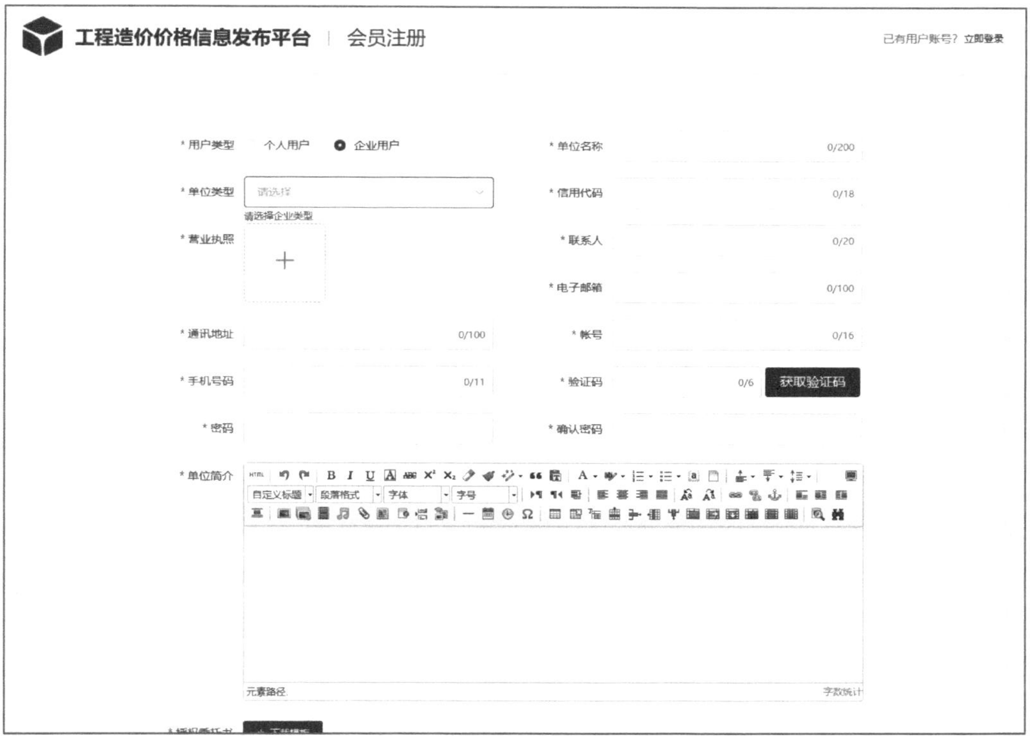

图 6-6　单位所需填写的资料截图

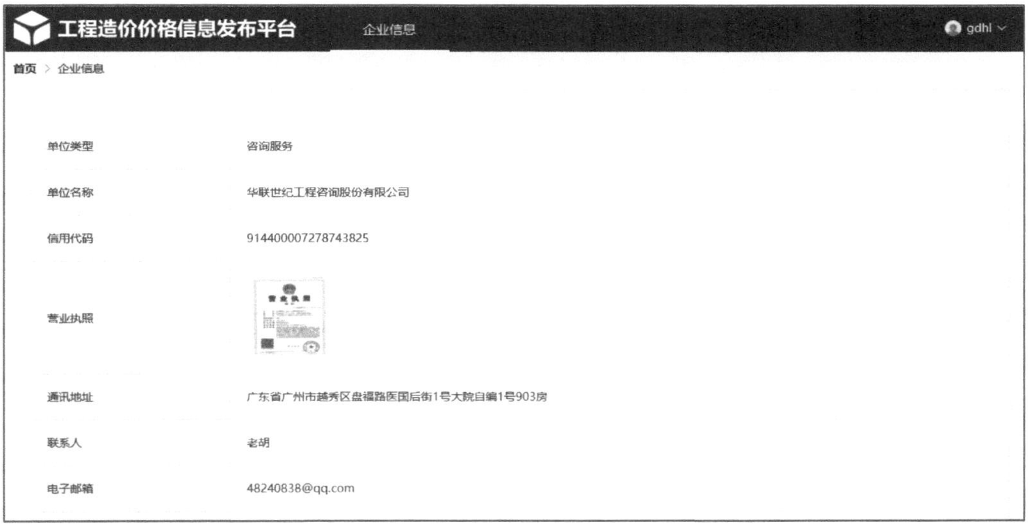

图 6-7　单位所填资料审核通过后的截图

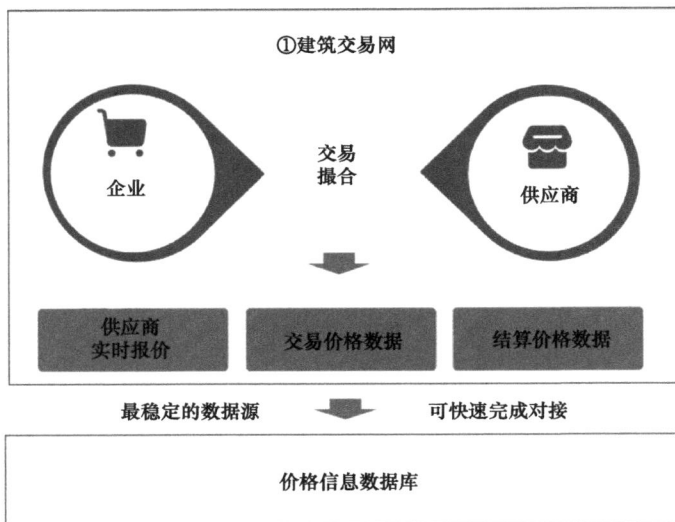

图 6-8　调用数据，从第三方系统自动上报材料价格示意图

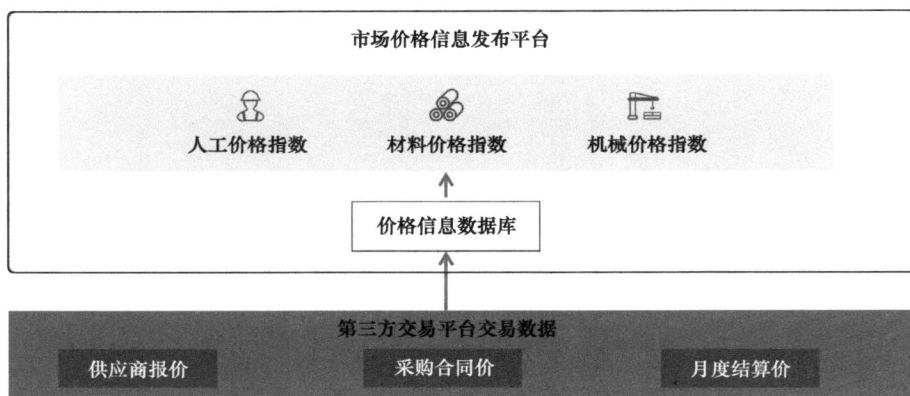

图 6-9　从自建的交易平台自动获取真实的成交价格数据示意图

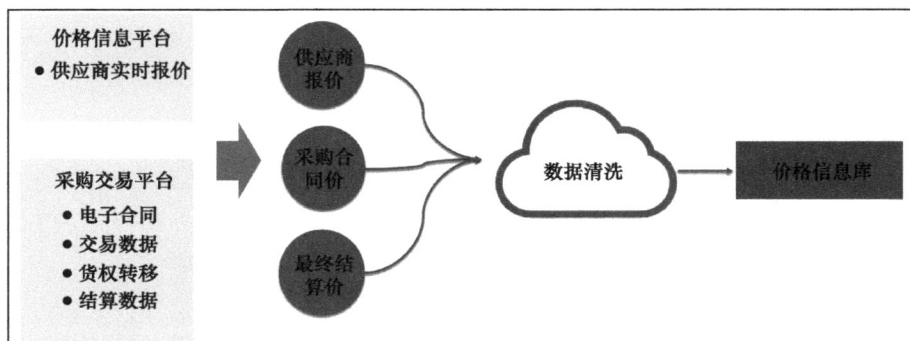

图 6-10　发布平台和交易平台数据汇合示意图

图 6-11　发布平台和交易平台数据汇合后的首页示意图

✓ 审核通过　　× 审核不通过

序号	名称	规格型号	单位	含税单价(元)	除税单价(元)	税率(%)	含税平均价(元)	除税平均价(元)	品牌
1	普通混凝土	C45	m³		420.5696	6.00		472.6471	
2	普通混凝土	C20	m³		374.396	6.00		413.9556	
3	单管侧向支撑(T)	DN100	套		1982.64			2109.9	
4	抗渗混凝土	C35	m³		400.40	16.00		465.4	
5	水下防水泵混凝土	C25	m³		461.12	6.00		492.08	

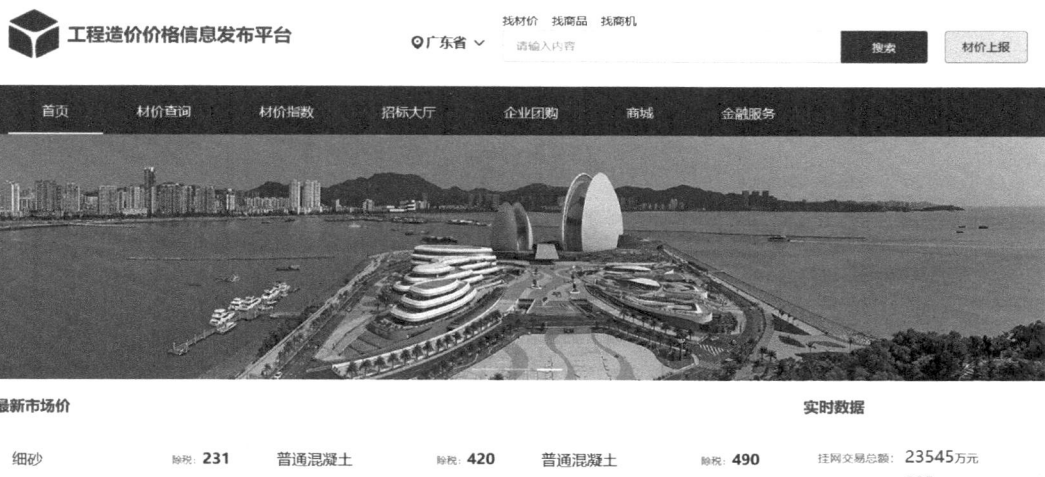

图 6-12　所上报的材料价格进行入库审核

（2）信息发布

信息发布主要实现参考价格测算、材料价格指数测算，以及各方如何在统一的价格信息平台上及时获取所需的价格信息。

1）参考价格测算

建立参考价格信息的统计、测算模型，为第三方发布主体报送的材料价格审核提供数据决策支持，如图 6-16 和图 6-17 所示。

立即标准化   × 删除

	序号	名称	标准名称	规格	标准规格
☐	1	岩棉管壳	岩棉管壳(定额)		品种:岩棉管壳
☐	2	弧形钢化玻璃	钢化玻璃(定额)	10mm白玻	品种:钢化玻璃,厚度:10.00mm,形状:弧形,颜色:白玻
☐	3	普通混凝土	普通混凝土(定额)	C35	品种:普通混凝土,强度等级:C35
☐	4	普通混凝土	普通混凝土(定额)	C40	品种:普通混凝土,强度等级:C40
☐	5	普通混凝土	普通混凝土(定额)	C45	品种:普通混凝土,强度等级:C45
☐	6	普通混凝土空心砌块	混凝土砌块	390×90×190	品种:普通混凝土空心砌块,规格:390.00×90.00×190.00mm
☐	7	水下混凝土	水下混凝土(定额)	C20	品种:水下混凝土,强度等级:C20

图 6-13　入库的材料价格所对应的材料进入清洗

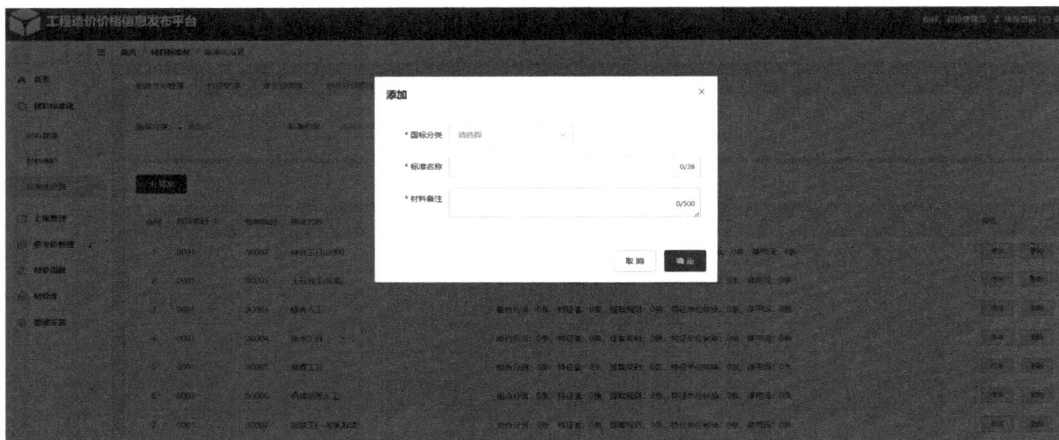

图 6-14　赋予材料标准名称

2）材料价格指数测算

建立各类材料价格指数的测算模型，如图 6-17～图 6-21 所示。

（3）信息查询

价格信息的查询、应用是建立本平台的目的所在。信息查询立足于用户易于获得的设计思路，在广泛调研工程建设各方对价格信息查询习惯的基础上，确定平台价格信息、材料价格指数等的查询、浏览与应用模式。平台除提供具体材料设备价格信息的查询外，还提供相关联的价格信息的参考，力求为用户提供全方位的价格信息参考（图 6-22～图 6-26），具体包括以下内容：

图 6-15　按《建设工程人工材料设备机械数据标准》GB/T 50851—2013 分类

圆钢

规格型号：HPB300Φ10内　　单位：t　　测算时间段：2020-01-01到2021-07-01　　测算价格地区：广东省广州市

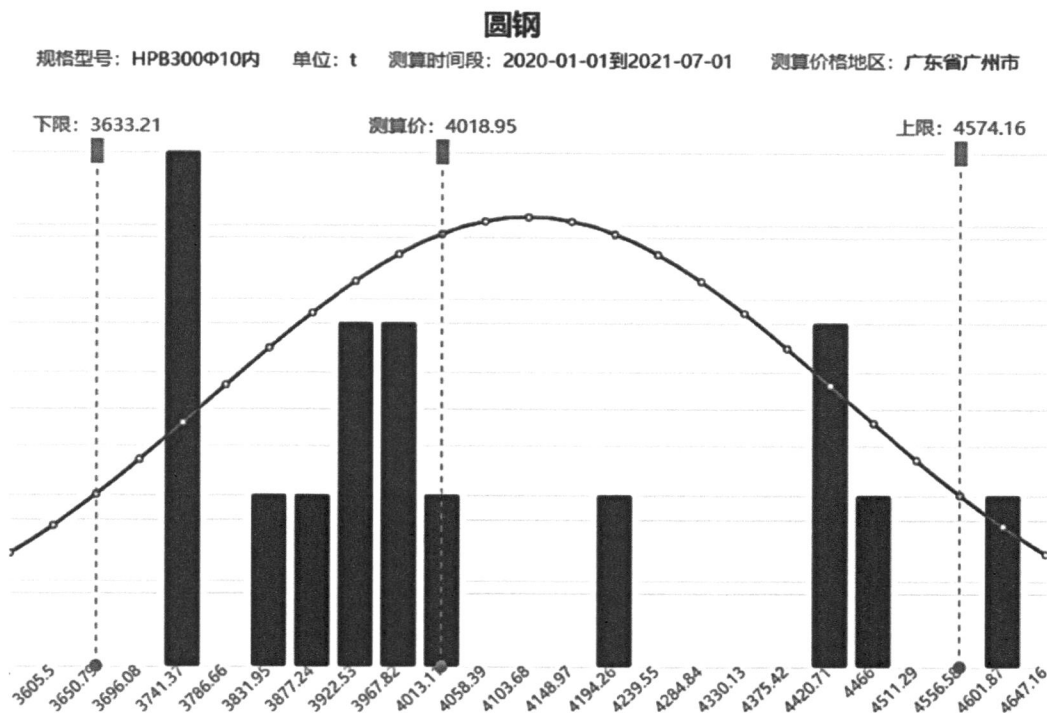

图 6-16　参考价格测算的组合算法模型

1）同地域、同时段，不同来源、不同价格类型的同一材料价格信息的参考；

2）同来源、同批次的其他材料价格信息的参考；

您正在查看测算模型 ✕

圆钢

规格型号：HPB300Φ10内　单位：t　测算时间段：2020-01-01到2021-07-01　测算价格地区：广东省广州市

正态分布图　**样本数据**

参与测算的数据

序号	材料名称	规格型号	单位	所在地区	供应商	品牌	价格类型	除税价(元)	税率
1	圆钢	HPB300Φ10内	t	广东省广州市			信息价	3881.67	0
2	圆钢	HPB300Φ10内	t	广东省广州市			信息价	3881.67	0
3	圆钢	HPB300Φ10内	t	广东省广州市			信息价	3881.67	0
4	圆钢	HPB300Φ10内	t	广东省广州市			信息价	3881.67	0

异常数据

序号	材料名称	规格型号	单位	所在地区	供应商	品牌	价格类型	除税价(元)	税率
1	圆钢	HPB300Φ10内	t	广东省广州市			信息价	3729.89	0
2	圆钢	HPB300Φ10内	t	广东省广州市			信息价	3729.89	0

图 6-17　参考价格测算所采用的样本数据

钢筋

地区：　广东省广州市　权重合计：　100.00%　基期时间：　2021年1月

新增指数设置　✕ 删除

	序号	材料名称	规格型号	单位	权重	操作
☐	1	圆钢	HPB300Φ10内	t	33.00%	修改权重
☐	2	圆钢	HPB300Φ12-25	t	7.00%	修改权重
☐	3	螺纹钢	HRB400(Ⅲ级钢)Φ12-25	t	36.00%	修改权重
☐	4	螺纹钢	HRB400(Ⅲ级钢)Φ25外	t	19.00%	修改权重
☐	5	螺纹钢	HRB400(Ⅲ级钢)Φ10内	t	5.00%	修改权重

图 6-18　确定各类材料价格样本及权重

新增指数 ✕

* 适用年份　📅 2021

* 适用时间　10月　⌄

* 适用地区　广东省 / 广州市　⌄

* 指数模板　钢筋　⌄

取消　**确定**

图 6-19　进行各类材料价格指数的测算

图 6-20　具体某一类材料价格指数的详情

图 6-21　材料价格指数详情

3）同项目、不同材料价格信息的参考；

4）该材料设备历史价格走势的参考。

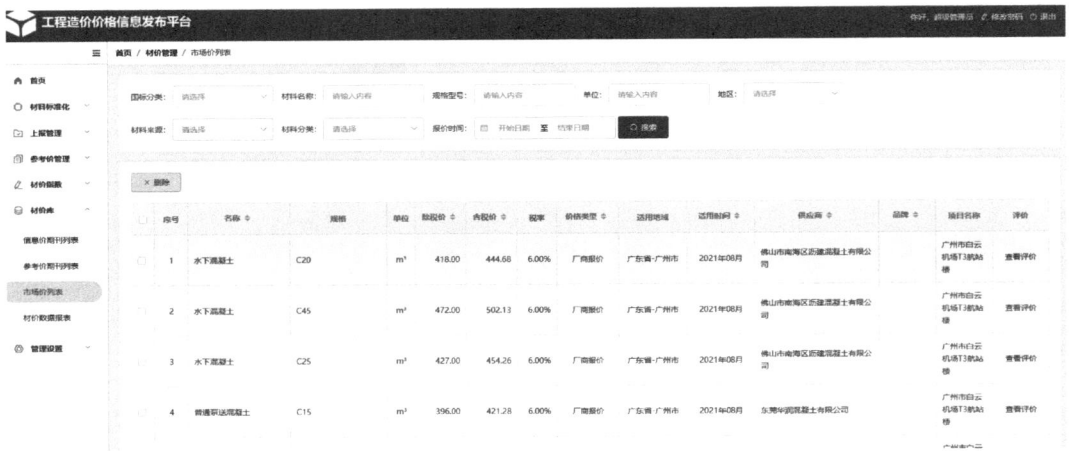

图 6-22　材料价格数据库

图 6-23　材料价格查询

（4）运营监管

1）运营管理

信息发布平台的运营管理主要实现用户管理、角色权限管理、数据字典管理、人材机分类与编码标准维护，以及网站内容发布运营等内容。

客服电话：4000832643/020-37063333　　　　　　　　　　　　　　　　　　　　　gdhl ∨

工程造价价格信息发布平台

广东省 ∨　　找材价　找商品　找商机　　请输入内容　　搜索

首页　　材价查询　　材价指数　　招标大厅　　企业团购　　商城　　金融服务

普通混凝土

规格：C50　单位：m³

您正在查看的材价数据详情　　　　　　　　　　　　　　　　　　　　　　　　∧

除税单价（元）：490.00　　　　含税单价（元）：521.28　　　　税率：6.00%

适用地域：广东省-广州市　　　　价格时期：2021年8月　　　　价格类型：工程价

品牌：　　　　　　　　　　　　工程项目名称：广州*******站楼

供应商名称：南海通源混凝土有限公司

数据提供方：华联世纪工程咨询股份有限公司 回

材价备注：不含运费

价格评价：　偏低　　　　　　　0人

　　　　　　适合　　　　　　　0人

　　　　　　偏高　　　　　　　0人

普通混凝土 C50在库内广东省广州市的走势图　　　　　　　　　　　　　　　　∧

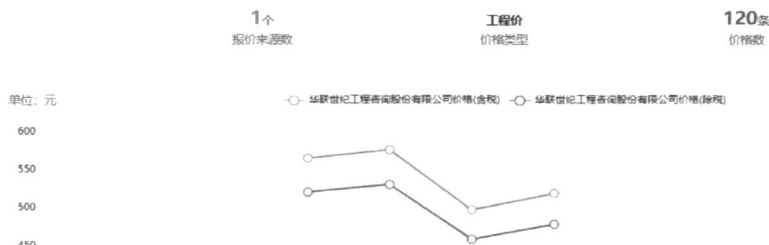

1个　　　　　　　　工程价　　　　　　　120条
报价来源数　　　　　价格类型　　　　　　价格数

单位：元　　　─○─华联世纪工程咨询股份有限公司价格(含税)　─○─华联世纪工程咨询股份有限公司价格(除税)

600
550
500
450

图 6-24　具体某一种材料价格的详情和走势图

其它来源　　同项目　　同来源

华联世纪工程咨询股份有限公司

名称：请输入名称　　　价格类型：请选择　　　价格日期（多选）：请选择　　　查询

名称 ⇕	规格	单位	除税价 ⇕	含税价 ⇕	税率 ⇕	价格类型	适用地域	价格时期 ⇕	品牌	项目名称	趋势图
普通混凝土	C25	m³	420.00	446.81	6.00%	工程价	广州市	2021年8月		广州*******站楼	ili
水下混凝土	C45	m³	472.00	502.13	6.00%	工程价	广州市	2021年8月		广州*******站楼	ili
水下混凝土	C50	m³	502.00	534.04	6.00%	工程价	广州市	2021年8月		广州*******站楼	ili

图 6-25　与某一种材料价格相关的价格数据

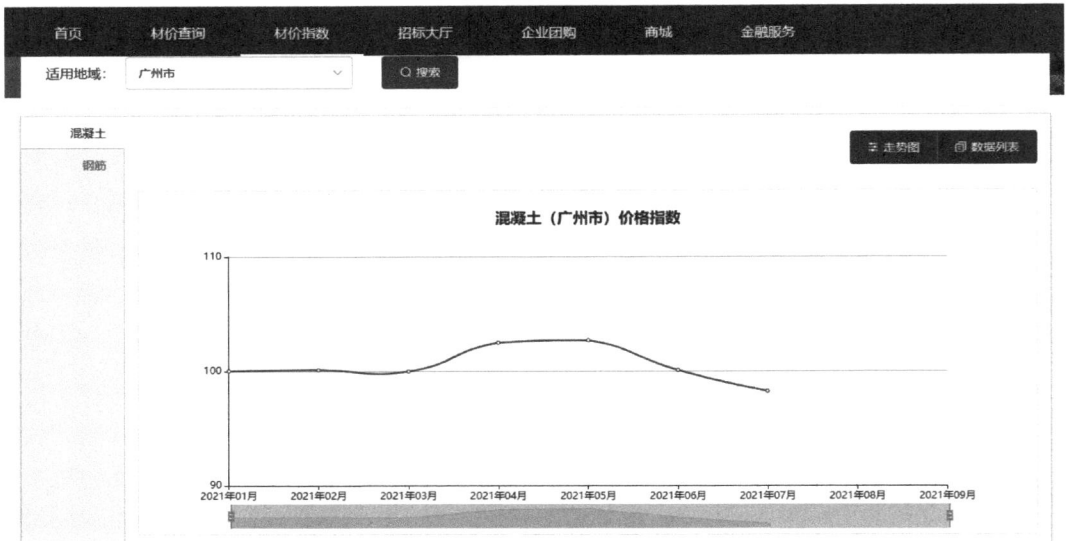

图 6-26　材料价格指数

图 6-27　材料价格及用户类型等数据字典的维护

2）信息监管

为落实工程造价改革工作方案中"加强市场价格信息发布行为的监管，严格信息发布单位主体责任"的精神而实现的信息监管，主要实现用户对价格数据评价反馈机制

图 6-28　账号、角色、部门等权限设定

的建议、对信息发布行为主体负面行为清单、不诚信行为的监管处罚管理等，通过诚信管理系统对各方发布的数据的真实性、可靠性进行监管，落实信息发布单位的主体责任，如图 6-29～图 6-31 所示。

图 6-29　用户评价

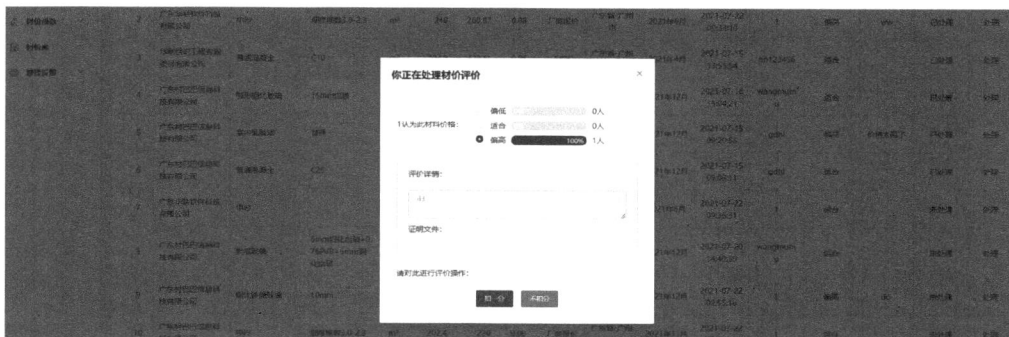

图 6-30　对用户评价的处理

图 6-31　发布主体用户评价数据台账

2. 建筑材料设备交易平台

通过交易平台，获得第一手真实的工程交易价格，夯实信息发布平台的价格信息基础。建筑材料设备交易平台以建材采购需求为支撑，提供全品类的商城直采及在线招采服务。面对采供两端客户，向上对接采购企业，以企业的采购需求和采购计划为起点，提供全流程的建材电商化直采和电子招标采购解决方案，以及相关的供应商管理、供应链金融等一站式服务；向下对接供应商，提供商机咨询、客户管理、在线采购交易、订单管理、结算付款、保理融资等服务。交易平台首页和后台首页分别如图 6-32 和图 6-33 所示。

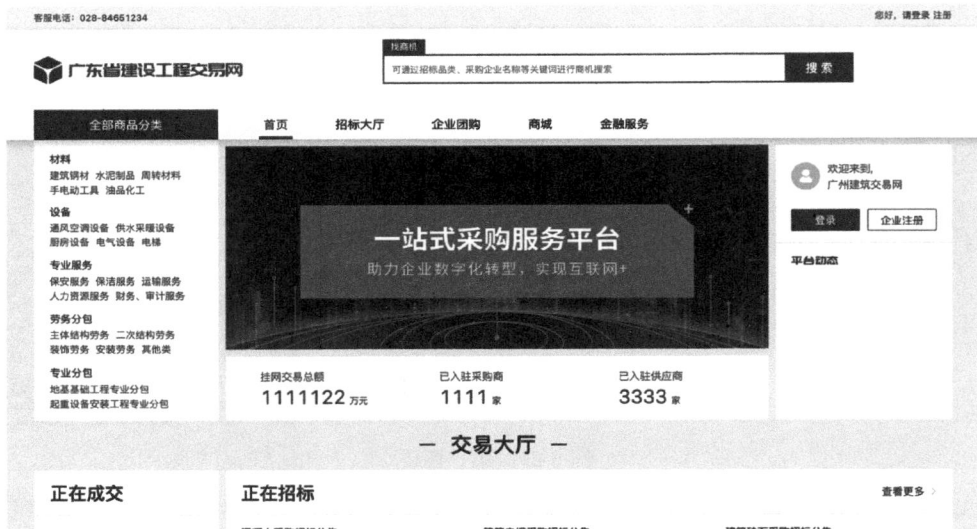

图 6-32　交易平台首页

图 6-33　交易后台首页

（1）招标采购

为企业采购提供标准化的招标签约、采购付款一站式、第三方线上服务，提供"招标→谈判→合同→订单→验收→结算→融资"全流程线上交易服务，全面提升企业招标采购业务链的管理能力，实现招标采购过程的阳光透明、降本增效，如图 6-34～图 6-36 所示。

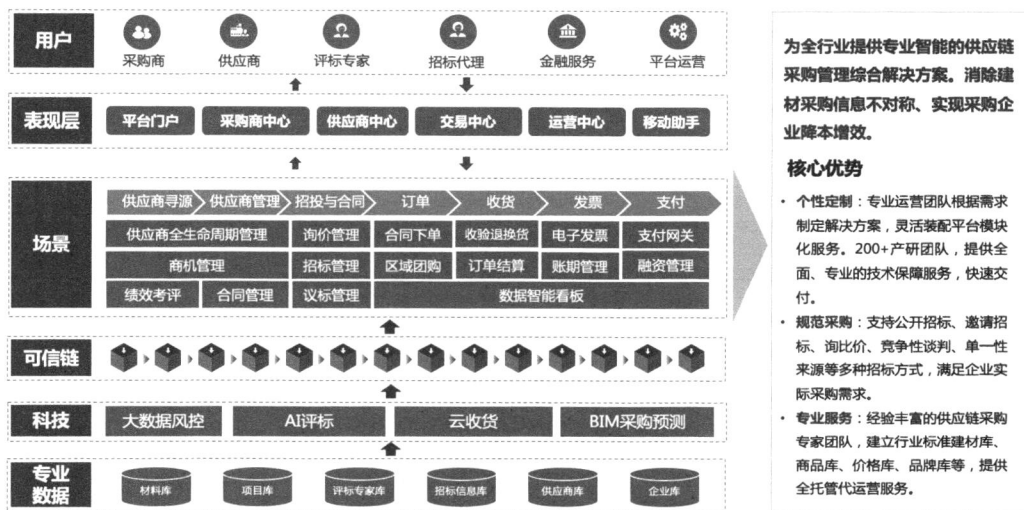

图 6-34　供应链采购管理综合解决方案框架

图 6-35　招标大厅系统截图

图 6-36　招标大厅后台截图

招标采购功能说明见表 6-6。

招标采购功能说明　　　　　　　　　　　　　　　　表 6-6

序号	主要功能	功能描述
1	招标管理	为采购企业提供多种采购方式，帮助实现电子化在线招标投标，摆脱烦琐的线下采购流程，提高采购效率
2	合同管理	实现采购合同全生命周期在线化管理，包括起草、审批、变更、解除、归档等
3	订单管理	主要用于采供双方从合同履约到结算支付的在线采购管理，并支持开放接口，平台可与采购企业原有 ERP 系统集成，实现业务和数据的连通
4	收货管理	主要用于提高收验货效率和采购收货取证留底。结合平安星云物联网，实时采集订单物流及项目收货现场数据影像
5	退货管理	支持在线退货，供应商确认后即可完成退货
6	结算管理	支持采购双方线上对账，生成结算单
7	支付管理	支持现金、融资等多种支付方式

（2）企业团购

平台联合中小型采购企业，形成大型团体采购组织，实现跨企业联合采购，达到"以量换价，以量换质"，降低企业采购成本，规避未来价格上涨风险，如图 6-37 和图 6-38 所示。

企业团购功能说明见表 6-7。

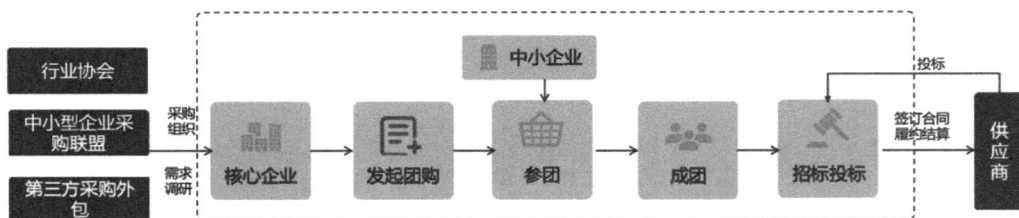

图 6-37　企业团购示意图 1

图 6-38 企业团购示意图 2

企业团购功能说明   表 6-7

序号	主要功能	功能描述
1	团购公告	平台发起团购报名通知，邀请企业参与团购。聚集多个企业的采购需求，整合平台供应商资源，组织区域联合采购，以量换价，降低采购成本
2	团购报名	中小型采购企业可根据自身需求，查询团购信息，进行团购报名
3	团购执行	平台确认团购成团，完成招标投标流程，确认中标供应商和采购价格。组织参团企业与供应商按照中标协议签订合同，进行履约

（3）建材商城

提供大型综合型 B2B 建材商城，通过自营形式链接建材供应商和终端建筑企业用户，严选全国实力供应商，直接链接上游合作伙伴，打破建材采购各个环节壁垒，为终端采购企业提供售卖、配送、对账、结算、售后等全电商流程，实现采供双方的精准对接和需求直达，如图 6-39～图 6-41 所示。

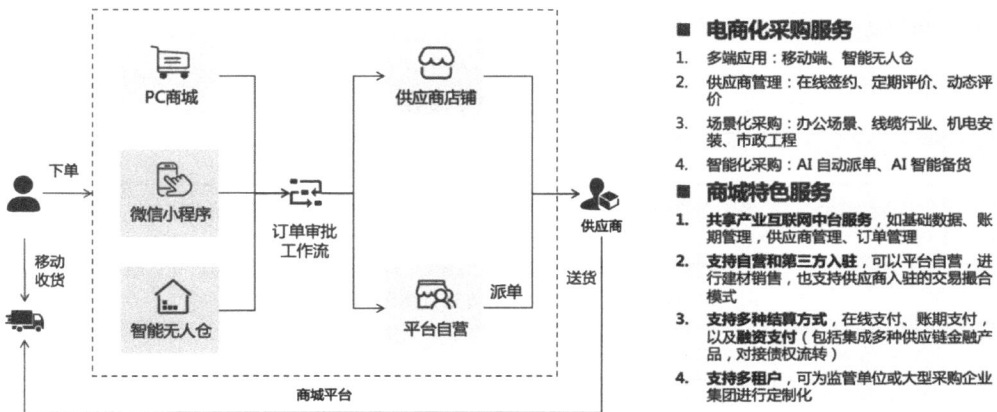

图 6-39 电商商城采购服务流程图

图 6-40　电商商城截图

图 6-41　订单管理截图

建材商城功能说明见表 6-8。

建材商城功能说明　　　　　　　　　　　　　　　　　　　表 6-8

序号	主要功能	功能描述
1	商品搜索	采购企业通过搜索栏，输入建材名称、品牌等信息，查询所需建材
2	分类查询	通过建材分类导航，查询所需的建材分类，进入分类专区，浏览建材信息；提供热门、价格等排序方式帮助采购方进行比选
3	商品展示	展示建材规格型号、库存、品牌、价格等信息
4	在线咨询	一对一在线咨询，详细解答采购方疑问

序号	主要功能	功能描述
5	电子合同	支持采购企业与平台在线签署采购合同，进行建材电商化采购
6	购物车	将所需的建材加入暂存购物车
7	订单管理	提供在线下单、在线发货、物流跟踪等功能
8	收货管理	项目现场收货，支持地磅称重和移动点验两种方式，进行采购收货取证留底。结合平安星云物联网，实时采集订单物流及项目收货现场数据影像
9	退货管理	支持在线发起退货，经平台审核确认后，完成退货
10	结算管理	按照合同签订的账期进行在线对账结算
11	支付管理	支持现金支付、融资支付等多种付款方式

（4）供应链金融

为采供双方企业提供多元化金融＋保险服务。以去中心化为导向，打造信用可积累、可拆分、可流转的数字化信用交易平台，以金融驱动供给侧结构改革，促进经济内循环，推动产业升级，如图 6-42 和图 6-43 所示。

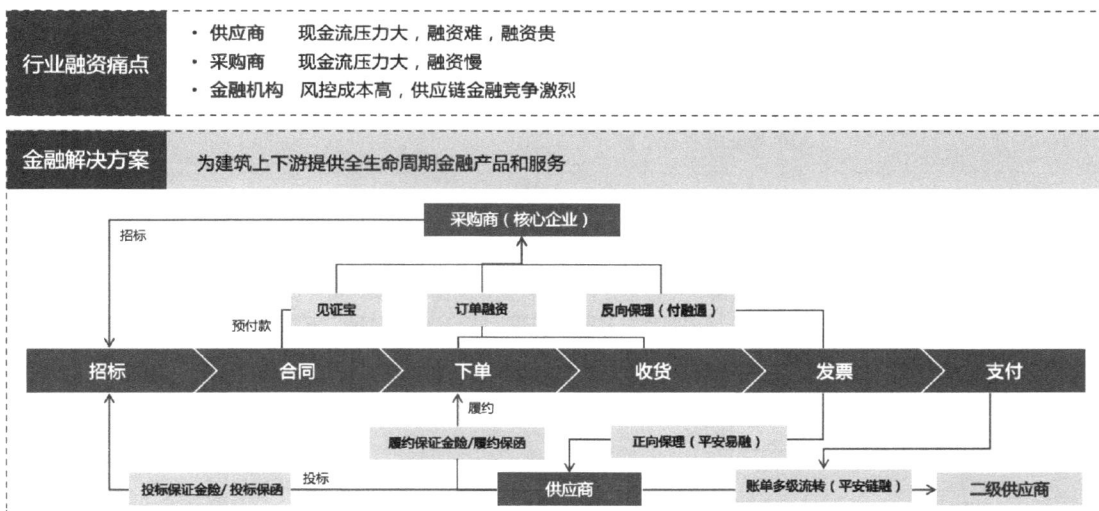

图 6-42　供应链金融数据流转图

供应链金融功能说明见表 6-9。

（5）供应商中心

帮助供应商完成建材商城商品管理，接收在线订单，并进行线上结算和收款。同时，对于招标采购方式，支持供应商完成在线投标及在线履约等环节，如图 6-44 所示。

图 6-43　金融服务截图

供应链金融功能说明　　　　　　　　　　　　　　　　　　　　**表 6-9**

序号	主要功能	功能描述
1	数字金融	基于信用、真实交易等数据，在采购流程中集成金融通道，为企业提供保理、托盘、ABS 等金融产品服务
2	数字保险	基于行业生产流通环节中的各个场景，在采购流程中提供保险服务通道，为参与方提供各类保险产品和服务
3	链融宝	为核心采购企业搭建自有应付账款多级流转体系，提高资产流动性

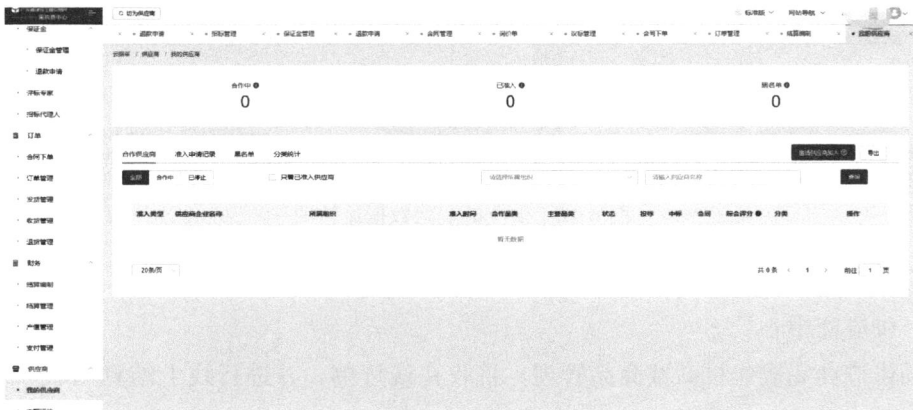

图 6-44　供应商管理截图

供应商管理功能说明见表6-10。

供应商管理功能说明　　　　　　　　　　　　　　　　　　表 6-10

序号	主要功能	功能描述
1	商品管理	管理建材商城上架商品，包括上架、下架、删除等
2	商机管理	主要用于供应链上游企业的商机发现、商机订阅、商机多渠道个性化推荐等场景，帮助企业足不出户随时获取采购商机
3	投标管理	完成线上投标，接收中标通知
4	订单管理	接受平台转派订单或采购方直接订单
5	发货管理	供应商确认订单后进行发货
6	对账结算	与平台采购企业进行线上对账结算
7	支付管理	接收采购方付款单，可进行应收款融资

四、平台建设结论与建议

（一）结论

本项目所涵盖的内容较多，包含数据标准、技术指南、管理办法以及发布平台等成果，并且这些成果相互依存，形成一套完整的、可落地的、可全国推广的成果体系。

1. 数据处理全自动进行

发布平台按统一的人材机数据标准、统一的数据对接服务，对接交易平台，获取真实交易价格。不同来源、不同表述的材料按统一的数据标准自动进行抓取、自动清洗、自动识别、智能归类……数据处理等全过程，提高了工作效率，减少了人力投入，奠定了工程造价价格信息大数据的基础。

2. 多维度价格全景式展示

价格信息、价格指数、造价指标等不同类型的价格数据集中展示，缩减了用户的查询环节，减少了等待时间，提高了查询效率，让用户具有更好的查询体验。

3. 为建筑行业提供数据支持

通过数据接口，本发布平台可以对接有需要的遍布全国的各级工程造价管理部门的信息发布网站、第三方交易网站、价格信息服务网站、企业内部交易管理系统等，动态地、智能地自动化采集、推送、共享价格数据，打破信息孤岛，加快数据积累，提高服务质量。

4. 获取真实的市场成交价格

通过直接对接交易平台，以真实的交易数据夯实所采集的材料价格的质量，并在此基础上采用数据挖掘技术对数据库中的数据进行深入的挖掘分析，构建科学、合理的材料价格预测模型，从而确保发布平台所发布的工程材料价格数据真实、合理、及时。

5. 实现对发布主体的市场监管

通过建立用户数据评价反馈机制、负面行为清单、不诚信行为的监督处罚管理体系，通过诚信监管平台对各方发布的数据的真实性、可靠性进行监管，落实信息发布单位主体责任，实现了造价改革方案中"加强市场价格信息发布行为的监管，严格信息发布单位主体责任"的要求。

（二）建议

1. 逐步完善工程价格信息发布平台

工程造价行业的改革是一个长期性、系统性的工程，工程造价改革工作方案的落地也并非一日可以完成。工程造价价格信息发布平台建设尝试已有良好的开端和足够多的成果出现，但还需不断深化理论和实践的研究，例如：完善管理机制、细化管理规范、加强数据积累。平台运营、平台监管制度创新都还有一段很长的路要走，需要在实践中不断打造，才会逐步成熟。

2. 建立全国性的信息发布平台

本项目所形成的成果，例如：统一的人材机数据标准、统一的价格信息发布标准和发布体系、统一的数据对接服务、对接交易平台获取真实交易价格、制定参考价的测算模型、材价指数测算模型等，可在全国范围内推广使用。推广方式有两种，一是行业管理部门、社会政府、各个机构，可以参照本项目的成果自建网站；二是直接采用项目已成型的网站，同时对接各地代建项目管理局、开发商等，获取更多的真实成交价格。当全国使用或参考统一的一套标准时，工程造价改革工作方案中所说的数据积累、数据互通、工程造价大数据应用就有了坚实的基础。

3. 升级为住房和城乡建设部的建筑材料价格大数据库

发布平台的建立为当前遍布全国的信息发布平台的建筑材料设备价格信息找到了集中、统一的"家"，通过数据接口等各种技术，可以快速有效地实现数据的自动采集、自动整理、自动分析，并根据需要，可以拓展到材料价格数据库、品牌供应商数据库等，逐步形成全国统一的建筑材料价格大数据平台。

第七章

工程造价改革项目施工招标通过清标、回标评判报价合理性的方法

（广州易达建信科技开发有限公司　广东拓腾工程造价咨询有限公司）

一、试点项目改革任务

为贯彻工程造价改革工作方案，强化建设单位造价管控责任和招标人首要责任制，更好地激发市场主体活力，推进工程造价改革试点项目的落地实施，根据《住房和城乡建设部关于进一步加强房屋建筑和市政基础设施工程招标投标监管的指导意见》（建市规〔2019〕11号）、《广东省住房和城乡建设厅关于深化房屋建筑和市政基础设施工程领域招标投标改革的实施意见》（粤建市〔2020〕119号）、《广东省人民政府办公厅关于印发广东省促进建筑业高质量发展若干措施的通知》（粤府办〔2021〕11号）等文件精神，对试点项目改革任务中关于"探索清标相关规则，通过投标文件的响应性、符合性、完整性、合理性、算术错误、投标偏差等进行检查和质询的清标工作，完善清标的相关规则""探索回标的相关规则，对比分析各投标单位的回标报价，完善回标的相关规则""探索评判报价合理性的相关规则，选择评判标准，对各投标单位合理性进行评价，研究制定评价报价合理性的相关规则"，提出"工程造价改革项目施工招标，通过清标、回标分析规则评判报价合理性的方法"。通过该套方法选出的中标候选单位，一方面能够最大限度地满足招标文件中规定的各项综合评价标准，另一方面能够满足招标文件的实质性要求，并且经评审的合理低价。

二、清标、回标分析规则

造价改革所提倡的由市场形成价格的关键环节是评标阶段，以往的经济标评标方法一直没有一套科学合理的清标、回标分析规则来支撑报价合理性的评判。本方法中提出的清标、回标分析规则是指对施工招标项目的入围投标文件进行对比、分析、评审，检查出符合评标条件的投标文件。

清标、回标分析规则的主要内容包括：雷同性分析、符合性检查、一致性检查、特征码检查、报价合理性分析。

（一）雷同性分析

雷同性分析是指对所有投标报价单位的"清单项目综合单价""主要材料设备单价"的报价数据进行分析对比，找出报价雷同、一致的数据，如达到雷同标准，视为雷同投标报价，该投标单位不作为中标候选入围单位，见表7-1。

投标报价文件雷同性分析 表 7-1

序号	评判内容	评判规则	评判结论
1	清单项目综合单价雷同	把所有投标报价文件的分部分项和单价措施项目的综合单价进行两两对比，单价一致的清单项目数量占总清单项目数量比例超过80%的	视为雷同投标报价
2	主要材料设备单价雷同	以招标工程量清单文件公布的"主要评标材料"或以最高投标限价（或有效最低投标报价）合价占比前60%的材料作为主要材料设备对比样本，把每一份投标报价文件的主要材料设备单价与样本的单价进行对比，单价一致的材料数量占主要材料设备数量比例超过80%的	视为雷同投标报价

（二）符合性检查

符合性检查是指把所有投标文件的分部分项工程量清单与招标文件进行对比，包括"清单项目编码""清单项目名称""清单项目特征""清单项目单位""清单项目工程量""清单项目增项""清单项目漏项"，找出不符合的数据。如不符合，则不满足标书要求，该投标单位不作为中标候选入围单位，见表7-2。

投标报价文件符合性检查　　　　　　　　　　　　表 7-2

序号	评判内容	评判规则	评判结论
1	清单项目编码	把投标报价文件每个单位工程的分部分项工程量清单的"清单项目编码"与招标文件进行一致性对比，比较结果不一致	视为符合性检查不通过
2	清单项目名称	把投标报价文件每个单位工程的分部分项工程量清单的"清单项目名称"与招标文件进行一致性对比，比较结果不一致	视为符合性检查不通过
3	清单项目特征	把投标报价文件每个单位工程的分部分项工程量清单的"清单项目特征"与招标文件进行一致性对比，比较结果不一致	视为符合性检查不通过
4	清单项目单位	把投标报价文件每个单位工程的分部分项工程量清单的"清单项目单位"与招标文件进行一致性对比，比较结果不一致	视为符合性检查不通过
5	清单项目工程量	把投标报价文件每个单位工程的分部分项工程量清单的"清单项目工程量"与招标文件进行一致性对比，比较结果不一致	视为符合性检查不通过
6	清单项目增项	把投标报价文件每个单位工程的分部分项工程量清单与招标文件相比，比较结果有增加的	视为符合性检查不通过
7	清单项目漏项	把投标报价文件每个单位工程的分部分项工程量清单与招标文件相比，比较结果有减少的	视为符合性检查不通过

（三）一致性检查

一致性检查是指把所有投标文件的分部分项工程量清单与招标文件进行对比，包括"费用计算费率""绿色施工安全防护措施费""暂列金额""计日工数量""专业工程暂估价""甲控乙购单价"，找出不一致的数据。如不一致，则不满足标书要求，该投标单位不作为中标候选入围单位，见表 7-3。

投标报价文件一致性检查　　表 7-3

序号	评判内容	评判规则	评判结论
1	费用计算费率	把投标报价文件中每个单位工程税金等费用计算费率与目前政策要求不一致	视为一致性检查不通过
2	绿色施工安全防护措施费	把按照招标文件对"绿色施工安全防护措施费"响应性报价的要求，对每个投标报价文件该费用报价数据进行对比，比较结果不符合、不一致	视为一致性检查不通过
3	暂列金额	把投标报价文件每个单位工程的暂列金额与招标文件进行一致性对比，比较结果不一致	视为一致性检查不通过
4	计日工数量	把投标报价文件每个单位工程的计日工数量与招标文件进行一致性对比，比较结果不一致	视为一致性检查不通过
5	专业工程暂估价	把投标报价文件每个单位工程的专业工程暂估价与招标文件进行一致性对比，比较结果不一致	视为一致性检查不通过
6	甲控乙购单价	把投标报价文件的甲控乙购材料设备价格高于招标文件公布的单价	视为一致性检查不通过

（四）特征码检查

特征码检查是指对所有投标报价文件编制时采用的电脑"网卡地址""硬盘序列号"、计价软件的"软件加密锁序列号"进行检查，不同投标报价文件存在三个内容其中有一个是相同的，则视为围标串标情形，该投标单位不作为中标候选入围单位，见表 7-4。

投标报价文件特征码检查　　表 7-4

序号	评判内容	评判规则	评判结论
1	网卡地址	把所有投标报价文件编制时采用的电脑"网卡地址"进行对比，如果存在相同，则视为围标串标情形	特征码检查不通过
2	硬盘序列号	把所有投标报价文件编制时采用的电脑"硬盘序列号"进行对比，如果存在相同，则视为围标串标情形	特征码检查不通过

序号	评判内容	评判规则	评判结论
3	软件加密锁序列号	把所有投标报价文件编制时采用的计价软件"软件加密锁序列号"进行对比，如果存在相同，则视为围标串标情形	特征码检查不通过

(五) 报价合理性分析

报价合理性分析是指将所有投标报价文件的主要费用、单价、主要材料消耗量与基准价样本的阈值（阈值上限称为"最高报价"，阈值下限称为"最低报价"）进行对比，超出最高报价或低于最低报价的视为不合理报价、不平衡报价，记录每份投标文件不合理报价、不平衡报价的个数，见表 7-5。

基准价样本的取定方式可以为：

（1）最高投标限价文件数据；

（2）最低有效投标报价文件数据；

（3）有效投标报价一次平均值；

（4）有效投标报价二次平均值。

投标报价文件报价合理性分析　　　　表 7-5

序号	评判内容	评判规则	评判结论
1	投标报价	投标报价文件的建设工程总报价、每个单项工程报价、每个单位工程报价超出最高报价或低于最低报价的，则视为不合理报价	记录不合理报价个数
2	人工费	投标报价文件的人工费超出最高价或低于最低价的，则视为不合理报价	记录不合理报价个数
3	材料费	投标报价文件的材料费超出最高价或低于最低价的，则视为不合理报价	记录不合理报价个数
4	施工机具费	投标报价文件的人工施工机具费超出最高价或低于最低价的，则视为不合理报价	记录不合理报价个数
5	管理费	投标报价文件的管理费超出最高价或低于最低价的，则视为不合理报价	记录不合理报价个数

序号	评判内容	评判规则	评判结论
6	利润	投标报价文件的利润超出最高价或低于最低价的，则视为不合理报价	记录不合理报价个数
7	分部分项工程费	投标报价文件的分部分项工程费超出最高价或低于最低价的，则视为不合理报价	记录不合理报价个数
8	措施项目费	投标报价文件的措施项目费超出最高价或低于最低价的，则视为不合理报价	记录不合理报价个数
9	清单项目甲供材损耗率	投标报价文件所有包含甲供材的清单项目，甲供材的损耗率与基准价清单项目甲供材损耗率最高值或最低值进行对比，超出最高值或低于最低值的，则视为不合理报价	记录不合理报价个数
10	主要清单项目合价	以基准价合价最高前 60 项清单项目为样本（抽取的清单项目数量可以依据工程实际情况取定），与投标报价文件对应清单项目合价进行对比，超出最高价或低于最低价的，则视为不合理报价	记录不合理报价个数
11	主要清单项目综合单价	以基准价合价最高前 60 项清单项目为样本（抽取的清单项目数量可以依据工程实际情况取定），与投标报价文件对应清单项目综合单价进行对比，超出最高价或低于最低价的，则视为不合理报价	记录不合理报价个数
12	主要清单项目工程量	以基准价合价最高前 60 项清单项目为样本（抽取的清单项目数量可以依据工程实际情况取定），与投标报价文件对应清单项目工程量进行对比，超出最高值或低于最低值的，则视为不合理报价	记录不合理报价个数
13	主要清单项目人工费单价	以基准价合价最高前 60 项清单项目为样本（抽取的清单项目数量可以依据工程实际情况取定），与投标报价文件对应清单项目人工费单价进行对比，超出最高价或低于最低价的，则视为不合理报价	记录不合理报价个数

序号	评判内容	评判规则	评判结论
14	主要清单项目材料费单价	以基准价合价最高前60项清单项目为样本（抽取的清单项目数量可以依据工程实际情况取定），与投标报价文件对应清单项目材料费单价进行对比，超出最高价或低于最低价的，则视为不合理报价	记录不合理报价个数
15	主要清单项目施工机具费单价	以基准价合价最高前60项清单项目为样本（抽取的清单项目数量可以依据工程实际情况取定），与投标报价文件对应清单项目施工机具费单价进行对比，超出最高价或低于最低价的，则视为不合理报价	记录不合理报价个数
16	主要清单项目管理费单价	以基准价合价最高前60项清单项目为样本（抽取的清单项目数量可以依据工程实际情况取定），与投标报价文件对应清单项目管理费单价进行对比，超出最高价或低于最低价的，则视为不合理报价	记录不合理报价个数
17	主要清单项目利润单价	以基准价合价最高前60项清单项目为样本（抽取的清单项目数量可以依据工程实际情况取定），与投标报价文件对应清单项目利润单价进行对比，超出最高价或低于最低价的，则视为不合理报价	记录不合理报价个数
18	主要清单项目主要材料用量	以基准价合价最高前60项清单项目为样本（抽取的清单项目数量可以依据工程实际情况取定），与投标报价文件对应清单项目主要材料用量进行对比，超出最高值或低于最低值的，则视为不合理报价	记录不合理报价个数
19	主要材料设备单价	以基准价合价最高前60项材料设备为样本（抽取的材料设备数量可以依据工程实际情况取定），与投标报价文件对应材料设备单价进行对比，超出最高价或低于最低价的，则视为不合理报价	记录不合理报价个数
20	费用算术错误	检查每个投标报价文件的数据是否存在计算错误，包括清单项目综合单价、清单项目合价、分部分项工程费、措施项目费、其他项目费、税金、单位工程造价、单项工程造价、项目工程造价	记录算术错误报价个数

三、报价合理性评分规则

报价合理性评分包括总报价得分、报价合理性得分两个方面，均采用100分制，总报价得分占比60%，报价合理性得分占比40%。

合理低价得分＝总报价得分×60%＋报价合理性得分×40%

（1）总报价得分，100分：按总报价从低到高排名，有效投标价格最低得分100分、次低报价90分、第三低报价80分、第四低报价70分、第五低及后续排名报价60分。

（2）报价合理性得分，100分：出现一个不合理报价，按下列规则扣分，直到报价合理性评分扣完为止。

1）综合单价不合理，出现一个扣2分。

2）材料设备价格不合理，出现一个扣2分。

3）有不平衡报价，出现一个扣5分。

4）算术错误，出现一个扣1分。

四、评判报价合理性

通过对每份投标报价文件的所有数据进行"雷同性分析""符合性检查""一致性检查""特征码检查""报价合理性分析"，汇总出所有投标人的清标、回标分析结果，形成清标报告，见表7-6。

清标、回标分析汇总表 表 7-6

序号	投标单位	雷同性分析	符合性检查	一致性检查	特征码检查	报价合理性分析	是否通过
1	投标单位1	"清单项目综合单价"与投标单位8雷同，不通过		"暂列金额"报价检查不一致，不通过	"网卡地址""硬盘序列号"与投标单位7一致，不通过	不合理报价项32项	不通过
2	投标单位2		"清单项目编码"符合性检查不通过			不合理报价项16项	不通过
3	投标单位3					不合理报价项8项	通过

序号	投标单位	雷同性分析	符合性检查	一致性检查	特征码检查	报价合理性分析	是否通过
4	投标单位4				"软件加密锁号"与投标单位6一致，不通过	不合理报价项47项	不通过
5	投标单位5					不合理报价项11项	通过
6	投标单位6				"软件加密锁号"与投标单位4一致，不通过	不合理报价项89项	不通过
7	投标单位7				"网卡地址""硬盘序列号"与投标单位1一致，不通过	不合理报价项17项	不通过
8	投标单位8	"清单项目综合单价"与投标单位1雷同，不通过	"清单项目增项"检查不通过	"甲控乙购单价"检查不符合		不合理报价项43项	不通过
9	投标单位9					不合理报价项6项	通过
……	……	……	……	……	……	……	……
n	投标单位n					不合理报价项n项	通过

根据"清标、回标分析汇总表"，汇总评审通过的投标报价，形成"经济标合理低价评分表"，见表7-7。

根据每个有效投标报价单位的投标报价、报价不合理项数量、报价合理性评分规则，统计汇总有效投标报价单位的得分，并按照得分前3名作为推荐中标候选单位，见表7-8。

经济标合理低价评分表

表 7-7

序号	投标单位	投标总价（元）	经济标得分	总报价得分权重 60%			报价合理性得分权重 40%							
				总报价得分			报价合理性得分			报价不合理扣分明细				
				总价排名得分	总价最低排名	总价排名得分规则	报价合理性得分	报价不合理扣分	报价合理性初始分	综合单价 1个扣2分	材料设备报价 1个扣2分	综合单价不平衡报价 1个扣5分	算术错误 1个扣1分	不合理数量
1	投标单位3	155376805.34	82.4	80	3	100	86	14	100		12		2	8
2	投标单位5	152261363.32	89.2	90	2	100	88	12	100	2	2		8	11
3	投标单位9	147442812.79	95.2	100	1	100	88	12	100	2	10			6

推荐中标候选单位得分汇总表

表 7-8

排名顺序	投标单位	总报价得分 (权重 60%)	报价合理性得分 (权重 40%)	经济标总得分
1	投标单位 9	100	88	95.2
2	投标单位 5	90	88	89.2
3	投标单位 3	80	86	82.4

五、应用人工智能、大数据技术实现清标、回标，评判报价合理性

为了实现运用"经济标合理低价分值评标法"评标，需要在大量经过充分竞争获取的市场价格数据的基础上，运用一定的数据分析功能和手段，才能对投标人的报价文件进行快速对比，找出报价异常点和问题点。要实现运用"经济标合理低价分值评标法"完成清标、回标的过程，可以借助人工智能、大数据技术。

(一) 通过智慧造价，形成源于市场的大数据

因为项目成果文件格式来源不统一，工程师经验差异较大，就会导致企业内数据无法进行有效积累，因开项方式不一致导致数据指标无法标准化，人工整理指标工作烦琐且工作量大。因此，这些源于市场的数据需要有一套能支持快速导入各类数据文件（例如计价软件版本格式文件、XML 数据标准格式文件、Excel 表格格式文件等）的智能归集数据系统，对相关数据进行沉淀，并按照已有的分析模型，按照时间、类别、地域分类归整，形成典型项目指标以及它在单个时点的静态指标，再通过经济指标分析，形成综合造价指数、单方造价指数、人工指数、机械指数、材料指数等数据。这些数据结合清单库给出的计价结构，工程量数据形成的含量指标，将构成合同价格的基础，也为快速、合理地进行清标、回标提供重要的数据参考和分析依据。

(二) 应用人工智能技术，对投标文件语义自动识别

过往人工整理指标存在两大问题：一是因为工程师经验不足，整理出的指标不符合要求；二是无法将项目的指标形成企业的数字化资产进行高效利用。所以需要运用人工智能＋大数据技术，通过语义分析，自动完成清单到成本科目、材料到品目的归集，并且能够自行学习及优化归集算法，提高归集算法的精确度，解决以往采用编码方式归集不准确、效率低下的问题。能灵活使用不同的指标模板从不同维度快速分析项目的技术经济指标、工料机指标、相关性指标、扩大项经济指标，并且可自定义指标分析报表并导出项目报告。

· 118 ·

（三）应用人工智能技术，对投标文件回标分析

房地产商一般会委托一个全过程业务给造价咨询单位，在项目的邀请招标的环节，房地产商会要求咨询单位做对应的回标分析工作（清标），筛选出合适的中标单位。以前接到这样的任务时，一般时间比较急，需要 2～3 天给出数据结果，这时一般会安排多位造价人员采用电子表格对比（非常耗时耗力），且很多重要问题以及风险项不能被及时发现。

因此需要运用相关的回标分析技术，实现动态清标，快速定位多家投标单位报价与最高投标限价的匹配差异，细致到清单、工程量、材料、材料品牌等信息，快速形成评标报告。这解决了以往人工清标时因时间紧、任务重而导致问题项易错漏等问题。通过既定的合理低价评分规则，可以帮助业主快速找出合理低价单位。运用"回标分析"技术，可实现如下清标、回标效果：

（1）多维度智能清标检查可实现对投标文件进行快速对比，并生成报表。

（2）可深度对比投标文件分部分项清单综合单价构成，筛选报价清单结构内容。

（3）与技术经济指标大数据系统对接，运用系统中形成的综合单价库、人工材料设备机具价格库等相关大数据，为回标分析提供参考的对比数据。

（四）实施清标、回标分析，评判报价合理性的意义

以往工程计价政策将定额与招标评标捆绑，导致大量政府投资项目的中标价普遍贴近严格按定额消耗量和造价管理部门颁布的信息价编制而成的最高投标限价，没有充分体现通过市场竞争形成价格的机制。造价改革后，定额不再与招标投标、评标定标捆绑，招标投标环节如何发挥市场是无形的手这一优势，获得基于市场竞争公平公正的中标价，对推动造价改革所提倡的由市场形成价格的机制尤为重要。因此采用人工智能、大数据实施清标、回标进行报价合理性分析，意义重大。

（1）通过充分的市场竞争获取的成交价格（即中标价）远比通过厂商询价方式获取的价格，更加贴近市场真实的价格。

（2）通过收集各个不同时期的中标价格，可以测算出投标指数，用于调整合同价，把历史造价指标调整为现值或进行投资估算。

（3）为编制最高投标限价提供参考依据。

最终通过运用清标、回标分析取得的基于市场的公平公正的中标价，将在智慧造价系统进行沉淀，形成市场价大数据，可用于之后的项目估、概算，最终取代定额价，转变为市场形成价格的机制，助力市场化造价改革稳步推进。

六、有关改革问题与建议

《广东省促进建筑业高质量发展若干措施的通知》提出"优化工程造价和招标投标制度，引导市场竞争定价，强化建设单位造价管控责任。在现行招标投标法律法规框架下，实施招标人首要负责制，完善评标定标分离方法"是优化发展环境的重要举措。

《广东省住房和城乡建设厅关于广东省工程造价改革试点工作实施方案的通知》（粤建市函〔2021〕502号）要求各地积极鼓励行业主动参与并开展工程造价改革工作的创新，在确保完成各项改革任务的同时，探索更多改革创新亮点，加快工程造价市场形成机制的构建。"清标、回标分析，评判报价合理性"为造价改革试点项目的招标人，根据招标文件规定的程序和方法进行定标提供技术手段，帮助招标人选择到真正适合该项目的中标单位，为项目施工阶段的质量、进度、安全、造价管理奠定扎实的基础，实现"为投资把关，为项目增值"的应用效果，推动行业的"评定分离"改革行稳致远。

同时，对于施工招标合理低价评标，结合以上内容，整理出一整套的评标办法，详见"附件7-1　房屋建筑和市政基础设施工程施工评标及经济标合理低价分值评标法"，供造价改革试点项目采用。

附件 7-1　房屋建筑和市政基础设施工程施工评标及经济标合理低价分值评标法

第一条　为规范房屋建筑和市政基础设施工程施工招标的评标活动，保证评标活动的公平、公正，维护招标投标活动当事人的合法权益，根据《中华人民共和国招标投标法》《评标委员会和评标方法暂行规定》《工程建设项目施工招标投标办法》《住房和城乡建设部办公厅关于印发工程造价改革工作方案的通知》（建办标〔2020〕38 号）等法律、法规和规章，制定本评标办法。

第二条　本办法适用于本省行政区域内，全部使用国有资金投资，以及国有资金投资占控股或者主导地位的房屋建筑工程项目和市政基础设施工程项目施工招标的评标工作，特别适用于造价改革试点项目。

第三条　评标方法是指对投标文件进行评审和比较、确定投标人的排名顺序、推荐中标候选人的标准和方法。

评标是指评标委员会依据招标文件载明的评标办法对投标文件进行评审和比较、确定投标人的排名顺序、推荐中标候选人的过程。

招标人在编制招标文件时，应根据本办法结合工程实际确定具体的评标办法并写入招标文件中。

第四条　评标定标过程中，评标委员会应严格按照建设行政主管部门或其委托的建设工程招标投标管理机构备案的招标文件中的评标办法进行评标。招标文件中没有规定的评标办法不得作为评标的依据。

第五条　中标人的投标应当符合下列条件之一：

（一）能够最大限度地满足招标文件中规定的各项综合评价标准；

（二）能够满足招标文件的实质性要求，并且经评审的合理低价；但是投标价格低于成本的除外。

第六条　建设工程施工招标的招标人可以根据工程特点选择下列评标方法：

（一）最低投标价法。中标人的投标应当能够满足招标文件的实质性要求，并且有效的投标价格最低。该方法适用于土石方、管道、花木种植等合同估价 500 万元及以下的简易工程，一般不要求编制技术标。

（二）合理低价分值评标法。中标人的投标应当能够满足招标文件的实质性要求，且合理低价分值最高。合理低价分值＝报价排名得分＋报价合理性得分。有效投标价格最低的，报价排名得分最高；报价合理性评分由经济标评标专家或电子回标分析系统根据经验值、造价指标大数据、人工智能等技术，按综合单价合理性、材料设备价格合理性、是否有不平衡报价、算术错误等合理因素计算报价合理性评分。

（三）综合评分法。中标人的投标应当能够最大限度地满足招标文件中规定的商务、技术等各项综合评价标准，且综合评分最高。由评标专家或电子回标分析软件按招标文件评标办法规定，分别计算商务标得分、技术标得分、合理低价分值，汇总综合评分。该方法适用于一级及以上施工资质才能承担的工程项目，或工程复杂、技术难度大和专业性较强的工程。

第七条　招标人采用本办法之外的评标方法的，评标方法的设定应当遵循"公平、公正、科学、择优"的原则，并报建设工程招标投标管理机构批准。

第八条　施工招标工程的评标委员会非经济标评标成员应当从政府设立的建设工程评标专家库中随机抽取确定。为推动工程造价改革，鼓励实施全过程造价咨询，经济标评审可以由承担该项目全过程造价咨询的造价工程师使用电子回标分析软件进行回标分析和经济标评分。因评标需要，经建设行政主管部门批准，招标人可以委派不超过评标委员会成员总数三分之一的代表参加评标。

采用最低投标价法、合理低价分值评标法的，评标委员会成员中工程经济类评标专家不得少于50%。采用综合评估法评标的，应分别组建商务评标委员会、技术评标委员会。

第九条　评标委员会成员应当按照招标文件及有关规定独立评标，切实履行评标职责。对评标中发现的违法或者其他不良行为，评标委员会应及时作出处理并报告建设工程招标投标管理机构。评标结论应当通过评标委员会所有成员按照少数服从多数的原则，以记名投票方式表决。禁止评标委员会成员将个人意见强加给他人，影响正常评标秩序和妨碍评标结论的公正性。

第十条　评标工作按以下程序进行：

（一）评标的准备；

（二）初步评审；

（三）详细评审；

（四）推荐中标候选人；

（五）提交评标报告。

第十一条　评标准备阶段的工作包括：

（一）熟悉文件资料。评标委员会成员应当认真研究招标文件，了解和熟悉招标目的、招标范围、主要合同条款、技术标准和要求、质量标准和工期要求等，掌握评标标准和方法，熟悉评标表格的使用，如果招标文件所附的表格不能满足评标所需时，评标委员会应补充编制评标所需的表格。

招标人或者招标代理机构应当向评标委员会提供评标所需的信息和数据，包括招标文件、未在开标会上当场拒绝的各投标文件、开标会记录、资格预审文件及各投标人在资格预审阶段递交的资格预审申请文件（适用于已进行资格预审的）、最高投标限价、工程所在地工程造价管理部门颁布的工程造价信息、权威的企业定额或指标（如作为计价依据时），有关的法律、法规、规章、国家标准以及招标人或者评标委员会认为必要的其他信息和数据。

（二）基础性数据分析。在不改变投标人投标文件实质性内容的前提下，评标委员会应当对投标文件进行基础性数据分析和整理（简称为"清标"），从而发现并提取其中可能存在的对招标范围理解的偏差、投标报价的算术性错误、错漏项、综合单价构成不合理、不平衡报价等存在明显异常的问题，并就这些问题整理形成清标成果。需要投标人进行书面澄清、说明和补正的，应当经投标人书面澄清、说明、补正或认可，作为商务标评审的依据。

对于大型或者特殊的施工招标工程，招标人可在评标前委托造价咨询企业对投标人的商务标书进行清标，并出具清标报告。清标发生的费用由招标人承担。

第十二条　初步评审阶段的工作包括：

（一）形式评审。评标委员会根据招标文件规定的评审因素和评审标准，对投标人的投标文件进行形式评审，并记录评审结果。

（二）资格评审。评标委员会根据招标文件规定的评审因素和评审标准，对投标人的投标文件进行资格评审，并记录评审结果（适用于未进行资格预审的）。

（三）响应性评审。评标委员会根据招标文件规定的评审因素和评审标准，对投标人的投标文件进行响应性评审，并记录评审结果。

（四）判断投标是否为废标。评标委员会根据招标文件规定的废标条件判断投标人的投标是否为废标，并记录评审结果。回标分析软件按招标文件规定进行电子清标过程中发现投标文件硬件特征码检测、符合性检测、一致性检测、雷同性检测等初步评审内容，有一项不符合评审标准的，评标委员会应当将其投标作废标处理。

（五）算术错误修正。评标委员会依据招标文件规定的相关原则对投标报价中存在的算术错误进行修正，并记录评审结果。

第十三条　只有通过了初步评审的投标文件方可进入详细评审。详细评审阶段的工作包括：

（一）采用最低投标价法的：检查投标报价详细内容是否涵盖招标项目的范围和内容，确定有效的投标报价；对有效的投标报价从低至高排序并据此确定投标人的排序。如招标人要求编制技术标的，对投标人的技术标依序进行详细评审，直至确定三位中标候选人。

（二）采用合理低价分值评标法的：根据招标文件的规定，从低至高依次评审投标报价，分别计算报价排名得分、报价合理性评分和合理低价评分。对有效投标报价的合理低价评分从高至低排序并据此确定投标人的排序。如招标人要求编制技术标的，对投标人的技术标依序进行详细评审，直至确定三位中标候选人。

（三）采用综合评分法的：商务评标委员会和技术评标委员会分别对投标文件进行详

细评审，并根据招标文件规定进行量化打分；由经济标评标专家或电子回标分析软件按合理低价评分法计算经济标评分；商务标、技术标、经济标评审结果汇总；按评审总得分从高至低的顺序确定三位中标候选人。

第十四条　评标工作完成后，评标委员会应写出评标报告并由评标委员会全体成员签字。评标委员会成员对评标结论有异议的，应以书面方式阐述其不同意见和理由。评标委员会成员拒绝在评标报告上签字且不书面阐述其不同意见和理由的，视为同意评标结论。评标委员会应当对此作出书面说明并记录在案。

评标委员会完成所有评标工作后，应当向招标人提交书面评标报告。招标人应当将评标报告按规定报送建设工程招标投标管理机构备案。评标报告应载明如下内容：

（一）基本情况和数据表；

（二）评标委员会成员名单；

（三）开标记录；

（四）符合要求的投标一览表；

（五）废标情况说明；

（六）评标标准、评标方法或者评标因素一览表；

（七）经评审的价格或者评分比较一览表；

（八）经评审的投标人排序；

（九）推荐的中标候选人名单及排列顺序；

（十）澄清、说明、补正事项纪要；

（十一）签订合同前要处理的事宜及其他。

第十五条　招标人应根据评标委员会提供的评标报告和推荐的中标候选人排列的先后顺序确定中标人。

第十六条　招标人和中标人应当自中标通知书发出之日起 30 日内，按照招标文件和中标人的投标文件订立书面合同。

第十七条　本评标定标办法自××××年××月××日起执行。

附：合理低价评标法分值设置

1. 中标人的投标应当能够满足招标文件的实质性要求，且合理低价分值最高。

2. 合理低价分值采用 100 分制，报价排名得分权重为 60%，报价合理性评分权重为 40%。

3. 合理低价分值＝报价排名得分＋报价合理性评分。

4. 有效投标价格最低的，报价排名得分最高。有效投标价格最低排名得分 100 分，次低报价 90 分，第三低报价 80 分，第四低报价 70 分，第五低及后续排名报价 60 分。

5. 报价合理性评分由经济标评标专家或电子回标分析系统根据经验值、造价指标大数据、人工智能等技术，按综合单价合理性、材料设备价格合理性、是否有不平衡报价、算术错误等合理因素计算报价合理性评分。报价合理性初始分 100 分，出现一次不合理，按下列规则扣分，直到报价合理性评分扣完为止：

（1）综合单价不合理，出现一次扣 2 分。

（2）材料设备价格不合理，出现一次扣 2 分。

（3）有不平衡报价，出现一次扣 5 分。

（4）算术错误，出现一次扣 1 分。

6. 合理低价评分法计算表。

总报价得分权重			60%				报价合理性得分权重		40%					
序号	投标单位	投标总价（元）	经济标总得分	总报价得分			报价合理性得分	报价不合理扣分	报价合理性初始分	报价不合理扣分明细				
										综合单价	材料设备报价	综合单价不平衡报价	算术错误	不合理数量
				总价排名得分	总价最低排名	总价排名得分规则				1个扣2分	1个扣2分	1个扣5分	1个扣1分	

第八章

提升"双随机，一公开"抽检水平
实现工程造价大数据积累与应用
——以广东省工程造价信息化平台〖云检测〗为例

（广州易达建信科技开发有限公司）

一、试点项目背景

一直以来，建筑业在国家支柱型产业中占据着重要的位置，建筑业的发展使国家城乡面貌改善，新型城市化进程得到大力推动，并贡献了极高的就业率，为国民经济增长作出了杰出贡献。与此同时，工程造价监管与工程造价文件数据分析的重要性也越发体现出来。

工程造价监管是建设市场监管的重要内容，加强和改善工程造价监管是维护市场公平竞争、规范市场秩序的重要保障。《住房城乡建设部关于印发工程造价事业发展"十三五"规划的通知》（建标〔2017〕164 号）指出："完善工程造价信用体系和工程计价活动监管机制，提升计价成果文件的质量，完善工程造价咨询成果文件标准规范，实现各阶段工程计价文件的规范化、数据格式的通用化，积极推进大数据服务。"《住房和城乡建设部办公厅关于取消工程造价咨询企业资质审批加强事中事后监管的通知》（建办标〔2021〕26 号）指出："四、构建协同监管新格局。健全政府主导、企业自治、行业自律、社会监督的协同监管格局。探索建立企业信用与执业人员信用挂钩机制，强化个人执业资格管理，落实工程造价咨询成果质量终身责任制""六、加强事中事后监管。各级住房和城乡建设主管部门要高度重视工程造价咨询企业资质取消后的事中事后监管工作……创新监管手段，加大监管力度，依法履行监管职责。全面推行'双随机、一公开'监管，并将监督检查结果向社会公布。"《广东省住房和城乡建设厅关于印发广东省工程造价改革试点工作实施方案的通知》（粤建市函〔2021〕502号）指出："（七）完善协同监管机制。各级住房城乡建设主管部门要落实深化'证照分离'改革要求，探索建立工程造价咨询企业信用与执业人员信用挂钩制度，推行工程造价咨询成果质量终身责任制和职业责任保险制度，完善监管数据共享、多元共建共治、互为联动支撑的协同监管机制。"

2015年，"互联网＋"上升至国家战略，鼓励传统行业与互联网领域利用各自的优势充分合作、互惠互利，大数据技术进一步成熟、逐渐落地，在很多行业里产生了许多应用产品，越来越多的成功案例开始涌现，创造了良好的经济效益与社会效益。当前，可应用大数据进行信息服务、知识获取、分析预测、辅助决策等，诸多领域包括政府管理、公共服务、商业分析、企业管理、个人服务等行业领域结合大数据的诸多优势也在积极尝试和拓展当中。在工程造价领域结合大数据知识与技术，对于国家发展和国民经济增长具有重要意义。随着数据时代的到来，工程造价数据信息监管、服务面临的挑战并非缺乏数据信息，而是各类造价数据信息冗杂且挖掘深度不够，影响数据价值。信息数据缺乏标准、共享效率较低、数据挖掘能力不足、规范程度较低等问题带来的信息孤岛，成为造价行业发展的阻碍。随着建设市场投资主体多元化、市场竞争日益激烈以及计价方式的改变，"互联网＋"新形势下，工程造价管理人员、建设单位、施工单位、造价咨询机构、造价管理部门都对造价信息数据的收集、分析、挖掘提出了更高的要求。

为持续深入推进"放管服"改革，应对取消工程造价咨询企业资质审批，创新和完善工程造价咨询监管方式，建立工程造价咨询企业、造价执业人员、造价成果文件质量三者联动的"互联网＋监管""'双随机，一公开'抽检"机制，提升造价成果文件的质量，完善工程造价咨询成果文件标准，实现各阶段工程造价文件的规范化、数据格式的通用化，积极推进建设项目大数据服务和行业的高质量发展，广州易达建信科技开发有限公司在广东省建设工程标准定额站的指导下研发了"云检测平台"。"云检测平台"是一个线上质量检测工具，平台以"数据精准利用"为基础、"信息互通共享"为突破口，对造价成果文件从"特征""组价""费率""指标"4个方面17个维度，利用大数据、人工智能等信息化技术，进行全面、实时、智能、精准地"一键上传立即检测"，实现如下监管工作目标：

（1）"云检测平台"对上传文件的编制质量一键智能检测，生成检测报告，帮助企业、从业人员提高造价文件的编制、审核质量，推动行业的高质量发展。

（2）"云检测平台"可与广东省及各地市的工程造价协会会员信息系统、诚信动态评价管理系统、造价监管系统无缝对接，建立"工程造价咨询企业—从业人员—执业成果文件"三者联动监管格局。"云检测平台"对上传的造价文件项目信息与执业质量、诚信业绩等结合，建立"企业—人员"的诚信业绩档案，造价主管部门对造价咨询企业和从业人员执业行为实时、动态检查，并根据检测质量自动诚信计分，实现"互联网＋智能监管""'双随机、一公开'抽检"的应用效果。

（3）"云检测平台"对上传的造价成果文件自动进行脱敏、采集、清洗、分析、加工、整理，按工程项目、文件类型、所在地区、工程类型、结构形式等存储积累、沉淀，形成广东省政府投资项目工程造价数据库，可供各地市住建、发改、财政、审计、税务等部门分类查看。

（4）"云检测平台"的工程造价数据库包括各类式指标、业态指数、专业工程指数、主要材料价格指数、人工价格指数，通过利用大数据、人工智能等信息化技术为概、预算编制提供依据；为加快推进工程总承包和全过程工程咨询，综合运用造价指标指数和市场价格信息，控制设计限额、建造标准、合同价格，确保工程投资效益得到有效发挥提供数据支撑；为引导建设单位根据工程造价数据库、造价指标指数和市场价格信息等编制和确定最高投标限价，按照现行招标投标有关规定，在满足设计要求和保证工程质量的前提下，充分发挥市场竞争机制，提高投资效益提供数据支撑；帮助工程造价改革方案政策落地开花，推动行业的数字化转型。

（5）"云检测平台"的各类型建设工程典型案例、建筑市场主要材料设备价格，经过归纳整理、测算分析而建立，可供政府部门和有关企事业单位进行项目前期的咨询、投资参考、项目方案技术经济比选、评价控制项目估算、概算和限额设计等活动时参考使用。

二、云检测平台介绍

（一）平台简介

近年来，按照国家"放管服"要求，减少或者取消行政审批，加强事中事后监管，是工程造价改革的重要内容。在监管过程中，既不能加重企业负担，又要体现公平公正的原则。从行业发展趋势来说，通过"互联网＋监管"模式进行造价成果文件质量检测，是解决当前问题的突破口之一。

"云检测平台"是一款线上质量检测工具，已在广东省工程造价信息化平台（www.gdcost.com）上线，对造价成果文件从"特征""组价""费率""指标"4 个方面 17 个维度进行分析检测，把资深造价工程师的经验总结为软件知识，用电脑代替人脑，用机械检查代替人工检查，帮助企业、从业人员提高造价文件的编制、审核质量，高效精准，推动行业的高质量发展。

为了挖掘数据的价值，加深对工程造价数据的利用程度，更好地实践工程造价管理部门的监管职能，满足各方主体对工程造价数据信息服务的服务需求，系统、全面地实现工程造价成果文件的采集储存、挖掘分析，云检测平台数据信息分三个层次构建：

（1）原始数据：由工程造价成果文件等原始资料组成，包括项目结构、各节点的数据、项目涉及的清单、定额、工料机等。

(2)核心数据:对原始数据进行对比、分析,快速定位主要异常问题,经过4个方面17个维度分析检测之后形成标准化造价成果文件检测报告。

(3)应用层:在累积、储存核心数据的基础上,为政府造价主管部门、建设单位、设计单位、工程造价咨询单位等各有关单位提供高效、便捷的服务。

(二)平台主要角色和用例

平台主要角色和用例见表8-1。

平台主要角色和用例　　　　　　　　　　　　　　　　　表 8-1

角色名称	用例描述
系统管理员	1. 用户权限管理(包括功能权限、数据权限、部门权限) 2. 数据库维护 3. 系统参数维护 4. 检测项维护 5. 检测词库维护
省主管部门	1. 通过选择个人库案例进行云检测 2. 直接导入案例进行云检测 3. 对云检测项目进行指标分析 4. 检测文件的特征(清单项目名称、清单项目特征、主材设备匹配;清单项目计量单位;清单项目编码为空)、组价(相同清单项目综合单价不一致;相同材料单价不一致;人工材料设备机械用量为0;清单项目合价检查;项目/单项/单位/分部分项工程合计检查;定额子目工程量与清单项目工程量存在较大偏差;清单项目合价占比异常;工程费用造价占比异常;清单项目工程量为0或1)、费用计算费率(暂列金额费率不一致)等方面的问题 5. 导出检测问题 6. 导出检测报告 7. 可查看所有用户/会员的云检测项目
市主管部门	1. 通过选择个人库案例进行云检测 2. 直接导入案例进行云检测 3. 对云检测项目进行指标分析 4. 检测文件的特征(清单项目名称、清单项目特征、主材设备匹配;清单项目计量单位;清单项目编码为空)、组价(相同清单项目综合单价不一致;相同材料单价不一致;人工材料设备机械用量为0;清单项目合价检查;项目/单项/单位/分部分项工程合计检查;定额子目工程量与清单项目工程量存在较大偏差;清单项目合价占比异常;工程费用造价占比异常;清单项目工程量为0或1)、费用计算费率(暂列金额费率不一致)等方面的问题 5. 导出检测问题 6. 导出检测报告 7. 可查看本市所有用户/会员的云检测项目

角色名称	用例描述
区主管部门	1. 通过选择个人库案例进行云检测 2. 直接导入案例进行云检测 3. 对云检测项目进行指标分析 4. 检测文件的特征（清单项目名称、清单项目特征、主材设备匹配；清单项目计量单位；清单项目编码为空）、组价（相同清单项目综合单价不一致；相同材料单价不一致；人工材料设备机械用量为0；清单项目合价检查；项目/单项/单位/分部分项工程合计检查；定额子目工程量与清单项目工程量存在较大偏差；清单项目合价占比异常；工程费用造价占比异常；清单项目工程量为0或1）、费用计算费率（暂列金额费率不一致）等方面的问题 5. 导出检测问题 6. 导出检测报告 7. 可查看本区所有用户/会员的云检测项目
注册会员	1. 直接导入案例进行云检测 2. 对云检测项目进行指标分析 3. 检测文件的特征（清单项目名称、清单项目特征、主材设备匹配；清单项目计量单位；清单项目编码为空）、组价（相同清单项目综合单价不一致；相同材料单价不一致；人工材料设备机械用量为0；清单项目合价检查；项目/单项/单位/分部分项工程合计检查；定额子目工程量与清单项目工程量存在较大偏差；清单项目合价占比异常；工程费用造价占比异常；清单项目工程量为0或1）、费用计算费率（暂列金额费率不一致）等方面的问题 4. 导出检测问题 5. 导出检测报告 6. 仅限于查看会员自己的所有云检测项目
VIP会员	1. 直接导入案例进行云检测 2. 对云检测项目进行指标分析 3. 检测文件的特征（清单项目名称、清单项目特征、主材设备匹配；清单项目计量单位；清单项目编码为空）、组价（相同清单项目综合单价不一致；相同材料单价不一致；人工材料设备机械用量为0；清单项目合价检查；项目/单项/单位/分部分项工程合计检查；定额子目工程量与清单项目工程量存在较大偏差；清单项目合价占比异常；工程费用造价占比异常；清单项目工程量为0或1）、费用计算费率（暂列金额费率不一致）等方面的问题 4. 导出检测问题 5. 导出检测报告 6. 仅限于查看会员自己的所有云检测项目

（三）平台架构设计

1. 整体架构

（1）后端

1）基于 SpringBoot2.2，Jdk1.8 的 Java 技术体系；

2）使用 Mysql 存储基础数据、配置类数据，使用 Mongodb 存储造价文件实例数据、计算结果数据，使用 Lucene 存储文件内容索引、首页高级搜索数据；

3）设计模式上，遵从领域驱动设计，使用事件驱动方式，应付复杂业务逻辑，以并发的事件驱动替代串联的消息驱动。

（2）前端

基于 vue.js 框架，使用第三方类库，包括 Ant、Element 等。

2. 业务逻辑关键技术

（1）Websocket，实现后端与前端的消息推送，如文件导入时，由后端通知前端处理过程；

（2）Rdp-Report，一款开源的自定义报表工具，目前基于这个工具做的报表设计器；

（3）Groovy，动态脚本语言，可以在前端编写脚本，调用 Java 对象，目前用在报表设计器中用于编辑数据源；

（4）Jxls、Apache poi，Excel 导出工具，目前用于导出 Excel 报表；

（5）Shiro，用于系统 URL 权限验证，Java 方法拦截；

（6）Log4j，日志记录，记录系统运行过程中的各种日志信息；

（7）Springboot.admin，Springboot 自带的管理后台，可通过管理后台更新系统日志级别，清除缓存等；

（8）Ehcache、Redis，用于存储系统运行过程中各类数据的第三方缓存、提升系统性能；

（9）Lucene，全文检索搜索引擎，用于检索各类附件中的文本信息、项目特征提取、首页搜索；Ikanalyzer，中文分词工具，用于云检测平台材料规格与清单项目名称、清单项目特征匹配检查。

3. 技术实现方案

（1）清单项目名称、清单项目特征、主材设备匹配检测的计算方法

该方法主要用于检测清单项目名称、清单项目特征、主材设备三者之间前后描述不一致的材料名称或者材料规格型号，主要流程如图 8-1 所示。

上述流程是描述清单项目特征与清单项目主材设备一致性检查的，流程说明如下：

1）获取单位工程清单项目及主材设备：造价文件导入系统后，可通过调用查询接口，获取每一个单位工程的清单项目以及对应的主材设备集合，一条清单项目有多条主材设备；

2）循环遍历每条清单项目：获取每条清单项目的特征信息；

3）特征语义换行判断：由于清单项目特征里，描述的是这条清单项目的所有做法，需要将每种做法按序号换行，以提高查询对应主材设备的准确性，当该行特征描述的主材

设备都在表达同一件事情，这样分析材料的类型或规格型号是否一致才有意义；

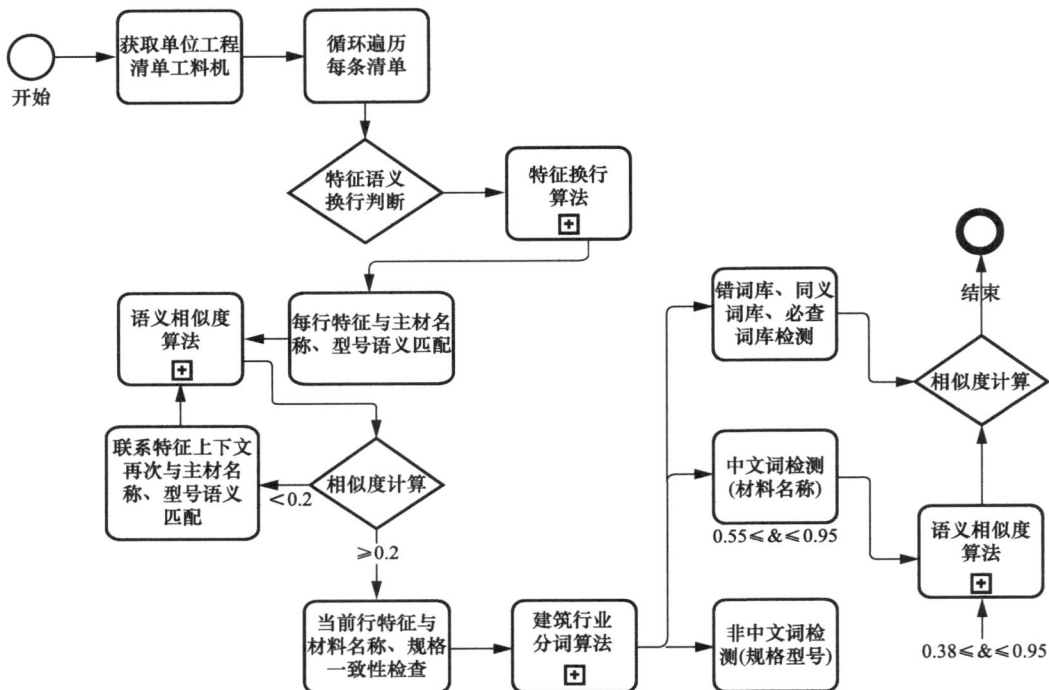

图 8-1 清单项目名称、清单项目特征、主材设备匹配检测的计算方法

4）每行项目特征与每行主材设备名称、型号语义匹配：使用自然语言算法计算特征与主材设备名称、规格的相似度；每条项目特征都寻找相似度不低于 0.2（完全一样则是 1）的主材设备名称、规格；如果没找到相似度大于等于 0.2 的，则跳过该行项目特征，进行下一行项目特征寻找。找到大于等于 0.2 相似度的，则记录下这行项目特征与对应的主材名称、规格，待下一步处理；

5）如果在当前行项目特征找完所有的主材设备，相似度都小于 0.2，则联系上一行项目特征以及下一行项目特征，组合成新的一行项目特征，再次跟每行主材设备进行匹配，直至找到相似度大于等于 0.2 的，则记录下这行项目特征与对应的主材名称、规格，待下一步处理；

6）将第 4）步和第 5）步寻找到的清单项目特征与主材名称、规格做一致性检查；

7）检查的第一步是当前行项目特征和主材名称、规格，按建筑行业词库分词，找出建筑行业专有词库以及规格型号词；将分词后的数据进行两两比较，按语义相似度计算；

8）如果当前要比较的两个词在同义词库中，则跳过不执行匹配；

9）如果当前要比较的两个词在错词库中，则直接纳入问题项，当作是语义不一致的一个问题结果；

10）中文词检测（材料名称），通过计算语义相似度在 0.55～0.95 之间，则认为是语义不一致的材料名称；

11）非中文词检测（材料规格），通过计算语义相似度在 0.38～0.95 之间，则认为是语义不一致的材料规格；

12）将记录下的问题词在项目特征与主材设备名称、规格中进行高亮处理。

（2）相同清单项目综合单价不一致、相同材料单价不一致的算法

该算法主要找出不同单位工程之间的相同清单项目与相同材料，再把单价不一致的清单项目及材料列举出来。

1）相同清单项目的定义

清单项目名称、项目特征、计量单位都一样的清单项目，则是相同清单项目。

2）相同材料的定义

材料名称、规格型号、单位都一样的材料，则是相同材料。

具体步骤如下：

① 遍历每个单位工程；

② 找出每个单位工程的相同清单项目；

③ 找出每个单位工程的相同材料；

④ 找出单价不一致的清单项目；

⑤ 找出单价不一致的材料。

4. 语义相似度算法

使用建筑行业词库和余旋向量相似度公式计算两个句子的相似度。判断两个句子的相似性，找出两个句子的关键词，具体步骤如下：

（1）两个句子各取出若干个关键词，合并成一个集合，计算每个句子对于这个集合中的词的词频；

（2）生成两个句子各自的词频向量；

（3）计算两个向量的余弦相似度，值越大就表示越相似。

判断两个句子的相似性的计算公式如下：

$$\cos(\theta) = \frac{\sum\limits_{i=1}^{n}(x_i \times y_i)}{\sqrt{\sum\limits_{i=1}^{n}(x_i)^2} \times \sqrt{\sum\limits_{i=1}^{n}(y_i)^2}}$$

式中：x 为句子 A 的词频向量，y 为句子 B 的词频向量。

语义匹配算法说明如下：

（1）使用 Lucene 搜索引擎，对清单项目名称、清单项目特征、清单项目综合单价库建立索引库，使用建筑行业词库进行分词处理；

（2）基于某个清单项目的名称、特征、单位、单价，去综合单价索引库中寻找相似清单项目的具体条件：

① 对目标清单项目的单位，完全匹配综合单价索引库；

② 对目标清单项目的特征分词，分词后的关键字匹配综合单价索引库的清单项目特征，按匹配高低依次排序；

③ 对目标清单项目前 9 位清单项目编码匹配综合单价索引库中的前 9 位清单项目，或者目标清单项目的清单名称完全匹配综合单价索引库中的清单项目名称；

④ 对目标清单项目的清单项目单价上下浮动 30％作为区间，去查询综合单价索引库中的清单项目。

对以上 4 个条件，采用交集方式查询，查询的结果即为相似的清单项目。

5. 建筑行业分词算法

对建筑行业词库使用正向迭代最细粒度切分算法，具体步骤如下：

（1）加载现代汉语词典，建筑行业专业词典、同义词、错词、必查词；

（2）读入待匹配的文本、初始化文本指针，指向文本中的第一个字符；

（3）遍历分词器，进行分词处理，这是最核心的流程之一，将待匹配文本生成分词候选集。

CN _ QuantifierSegmenter 为中文词典分词，匹配中文词典中有的词，生成词语候选集。

LetterSegmenter 分别有三个类似的处理器：字母、数字、字母和数字的组合，用于处理规格、型号的词，处理的基本思路就是匹配连续的相同类型字符，直到出现不同类型字符为止，切为一个词。比如 LetterSegmenter 对字串"混凝土 M7.5"的处理方式就是匹配出连续的字母子串 M7.5，切为一个词，切词结果为"混凝土""M7.5"，其中混凝土在 CN _ QuantifierSegmenter 中完成切割。

（四）平台流程简介

打开电脑上网浏览器，在网址输入栏输入广东省工程造价信息化平台网址 www.gdcost.com，点击"注册"，输入注册的手机号码、验证码、登录密码，完成注册，获取平台的使用账号，如图 8-2、图 8-3 所示。

通过账号登录平台，点击"云检测 V2.0"，如图 8-4 所示。

在云检测界面，点击"导入检测项目"，如图 8-5 所示。上传需要检测的项目造价成果文件，点击"上传文件"，如图 8-6 所示。

图 8-2   云检测平台注册

技术支持：广州易达建信科技有限公司

图 8-3   云检测平台注册信息

造价监管大数据

全省数据

919 项目数量	1441 企业数量	11435 执业人员数量

云检测V2.0 ⓘ

■ 此功能仅供注册会员、VIP会员使用。

■ 造价咨询企业或造价从业人员可自主上传云检测项目，系统对成果文件的编制质量自动检测，企业可通过关联方式提交完整的指标分析政府投资项目。

数据来源

1、自主上传
2、广东建设执业资格注册中心
3、住建部造价监管数据
4、地市造价监管数据

最新检测项目

项目名称	文件类型	地区
某商品住宅	招标控制价（最	其它
某商品住宅		其它
某商品住宅	招标控制价（最	其它
某商品住宅	招标控制价（最	其它
某商品住宅	招标控制价（最	其它

广州市	深圳市	佛山市	东莞市	珠海市
项目：68	项目：	项目：42	项目：	项目：1
企业：117	企业：26	企业：16	企业：7	企业：9
人员：791	人员：101	人员：63	人员：33	人员：77

惠州市	中山市	江门市	韶关市	清远市
项目：	项目：1	项目：	项目：	项目：
企业：2	企业：10	企业：4	企业：5	企业：3
人员：9	人员：71	人员：13	人员：58	人员：52

汕头市	潮州市	河源市	揭阳市	汕尾市
项目：	项目：	项目：	项目：	项目：
企业：5	企业：1	企业：2	企业：2	企业：2
人员：15	人员：	人员：5	人员：2	人员：2

湛江市	茂名市	阳江市	肇庆市	云浮市
项目：	项目：	项目：	项目：	项目：
企业：5	企业：4	企业：2	企业：7	企业：

图 8-4　使用云检测平台检测文件

广东省工程造价信息化平台（广东造价信息网）

请输入关键字搜索　搜索　　周军 ∨ ❓

首页　办事指南　行业动态　政策法规　计价应用　行业监管　造价指标指数　材料设备价格　造价改革百堂课　学习交流　基础数据　系统管理

导入检测项目　　请输入项目名称关键字　搜索　重置

云检测项目　政府投资项目

序号	造价文件名称	关联政府投资项目	上传时间	项目所属区域	操作
1	中心项...		2022-03-19 14:24...		云检测　检测报告　指标查看　删除项目　关联政府投资项目
2	房		2022-03-19 14:00...		云检测　检测报告　指标查看　删除项目　关联政府投资项目
3	广州核心区环...		2022-03-19 13:41...		云检测　检测报告　指标查看　删除项目　关联政府投资项目
4	中山市校安...		2022-03-19 11:41...		云检测　检测报告　指标查看　删除项目　关联政府投资项目
5	佛山市...		2022-03-19 11:14...		云检测　检测报告　指标查看　删除项目　关联政府投资项目
6	统工程（一期...		2022-03-19 11:06...		云检测　检测报告　指标查看　删除项目　关联政府投资项目
7	场工程		2022-03-19 10:16...		云检测　检测报告　指标查看　删除项目　关联政府投资项目
8	服务中心项...		2022-03-19 09:56...		云检测　检测报告　指标查看　删除项目　关联政府投资项目
9	区间工程		2022-03-18 20:36...		云检测　检测报告　指标查看　删除项目　关联政府投资项目
10	安置区西园住...		2022-03-18 17:20...		云检测　检测报告　指标查看　删除项目　关联政府投资项目
11	系统工程（一期...		2022-03-18 16:49...		云检测　检测报告　指标查看　删除项目　关联政府投资项目
12	统工程（一期...		2022-03-18 16:48...		云检测　检测报告　指标查看　删除项目　关联政府投资项目
13	宿院整体改造...		2022-03-18 16:39...		云检测　检测报告　指标查看　删除项目　关联政府投资项目
14	工程（一期...		2022-03-18 15:55...		云检测　检测报告　指标查看　删除项目　关联政府投资项目
15	里村池塘整治及老人活...		2022-03-18 15:48...		云检测　检测报告　指标查看　删除项目　关联政府投资项目
16	湖畔花园工程·送审价		2022-03-18 15:06...		云检测　检测报告　指标查看　删除项目　关联政府投资项目

图 8-5　导入检测项目

如要对该文件进行指标维度的检测，则需核对并完善项目、各单项、各单位工程的工程分类、建设规模信息（如原文件已经填写，将自动读入进来，不用重复填写，只需核对），如图 8-7 所示。

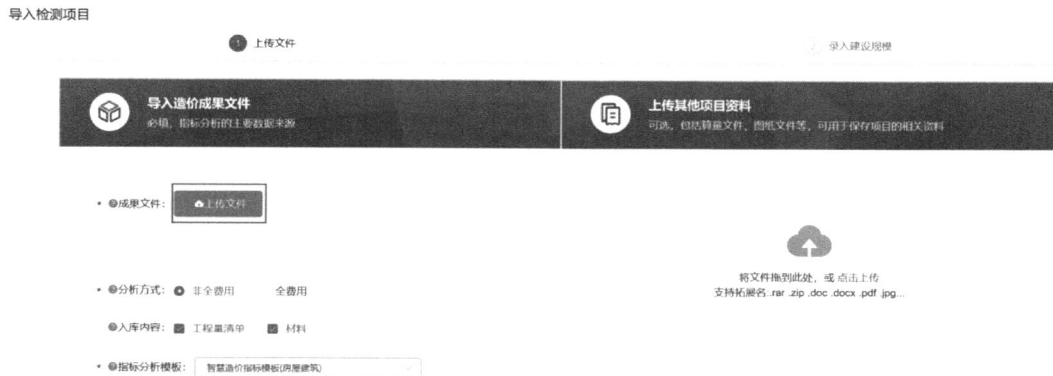

图 8-6　上传检测文件

图 8-7　补录建设规模信息

选择当前项目需要检测的内容，点击"开始检查"，如图 8-8 所示。

云检测对该文件的所有数据智能完成全方位检测，生成检测报告和检测结果明细表，依次点击左边各检测项，红圈中的数字标注可能存在的文件质量问题数量，右边显示问题的具体明细，点击"完成检测"，如图 8-9 所示。

在"导入检测项目"台账可以查看所有项目的"检测报告"，"检测报告"可以发送到手机浏览查看，也可以下载到本地浏览查看。"检测报告"可用于咨询企业质量内控，也可用于各地投资审查部门、财政评审部门、造价站四价备案系统、诚信业绩积分等报送造价文件，如图 8-10 所示。

对文件进行云检测后，用户可查看项目云检测结果、查看项目信息、提交业绩和删除云检测项目等。业绩项目台账汇总用户在平台上提交的业绩项目，如图 8-5 所示。

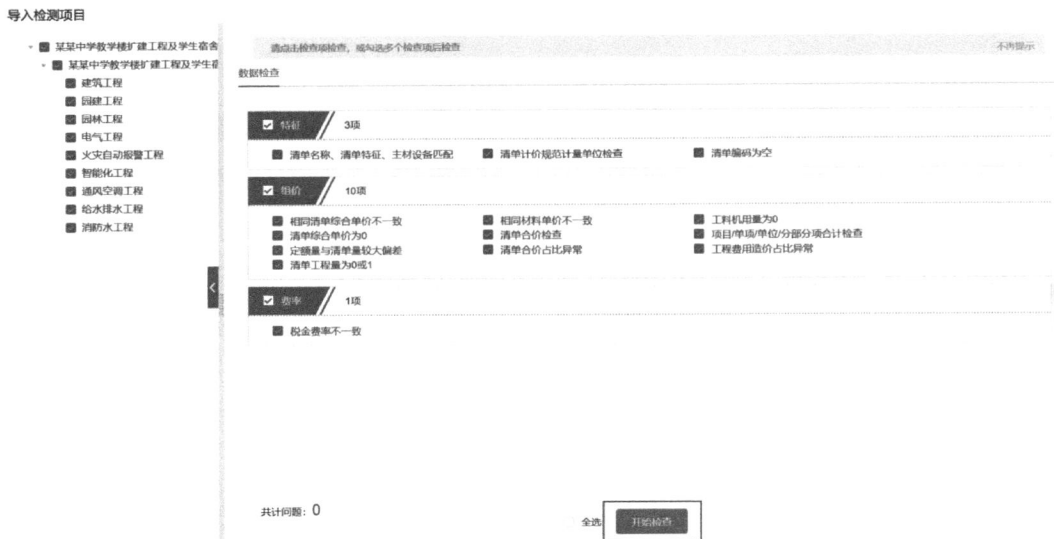

图 8-8　云检测开始检测

图 8-9　查看选择质量检测项

图 8-10 生成质量检测报告

三、技术成果及系统性能

云检测平台旨在解决当前造价成果文件质量参差不齐，检查工作对审核人员要求高、人员配比不足、效率低等问题，通过人工智能和指标对比技术，能够快速准确地发现造价成果文件中的各种质量问题；通过多维度地自动检查造价成果文件的质量，能够大幅度提升文件审核工作的效率和质量。

关于系统性能方面，有以下特点：

（1）浏览器加载页面不超过 3s，操作方便、容易上手，界面风格统一、清晰流畅，功能模块按键设置明确，对于新手用户来说易于认识和接受，能较快地灵活操作和使用；

（2）具有良好的可扩充性。平台开发设计具有前瞻性，充分考虑系统的扩展性，便于未来深化服务功能、拓展服务范围时进一步升级改造。平台功能拓展和服务能力强，具有适应性，便于进行系统配置，提供灵活的外部接口；

（3）运行高效。从实际情况出发，平台结构和功能紧密结合实际工作需要，保证最大限度地符合用户实际应用的需求，保证各模块之间分配合理、运行高效；

（4）易维护性。平台采用通用、成熟的技术，实现零客户端安装，尽量减少系统的维护工作，降低维护难度；

（5）配置合理。在选择数据库规范、文件格式及开发工具和所使用的技术过程中，充分兼顾到所有对象之间配合的合理性，确保能更好地发挥各种功能技术，且各种功能技术之间不存在兼容性和冲突的问题。

四、平台运行服务保障措施

（一）多种文件格式的解析

不同格式的文件数据，其中的数据格式、命名规则是不同的。

（1）XML2.0，遵循造价文件 2.0 数据标准解析；

（2）XML3.0，遵循造价文件 3.0 数据标准解析；

（3）单个 Excel 格式；

（4）带压缩包 Excel 格式。

（二）数据存储遵循统一的数据标准规范

工程造价成果文件具有多样性、专业性、动态性的特征，直接影响了工程造价数据的价值和利用率。采用完善、统一的工程造价数据标准，为数据交换、数据挖掘和数据分析提供便利，合理有效、简单易行，见表 8-2～表 8-6。

项目结构信息（XmlProject）   表 8-2

属性名	含义	备注
id	主键	
name	名称	

续表

属性名	含义	备注
kind	类别	Item＝单位工程 Group＝单项工程 Project＝根项目

分部分项清单（XmlBillTable） 表 8-3

属性名	含义	备注
id	清单主键	
projectid	所属单位工程	对应 XmlProject. id
name	清单名称	
attr	清单特征	
unit	清单单位	
price	清单单价	
total	清单合价	
quantity	清单工程量	

措施项目清单（XmlMeasureTable） 表 8-4

属性名	含义	备注
id	清单主键	
projectid	所属单位工程	对应 XmlProject. id
name	清单名称	
attr	清单特征	
unit	清单单位	
price	清单单价	
total	清单合价	
quantity	清单工程量	

清单工料机组成（XmlResElement） 表 8-5

属性名	含义	备注
id	清单主键	对应 XmlBillTable. id 或 XmlMeasureTable. id
rescode	工料机编码	对应 XmlResource 的 code 属性
quantity	消耗量	在该清单中的某种工料机的消耗量
total	合价	

工料机汇总（XmlResource）　　　　　　　　　　　表 8-6

属性名	含义	备注
id	主键	
projectid	所属单位工程 id	对应 XmlProject. id
code	工料机编码	在同一个 XmlProject 中编码是唯一的
name	工料机名称	
specification	工料机的规格参数	
quantity	工料机用量	
total	工料机合价	在一个单位工程中的合价

数据关系如图 8-11 所示。

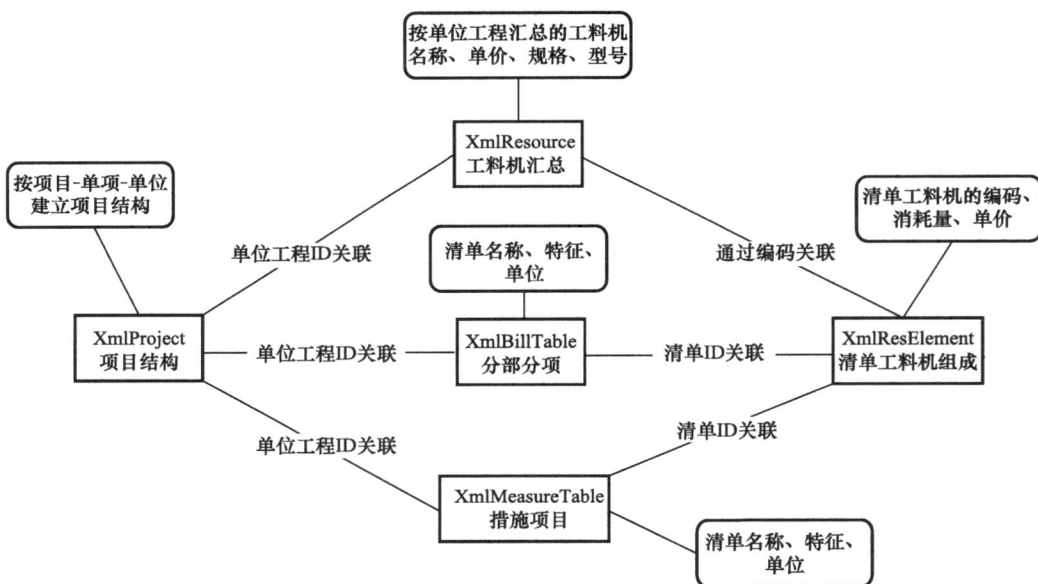

图 8-11　数据关系图

(三) 专业团队技术支持

广州易达建信科技开发有限公司专业技术团队，实时监控云检测平台运行情况，为平台运行提供专业技术支持和安全保证。在发现平台功能故障或漏洞时，立刻进行完善更新、处理补救、降低风险，保障使用体验和检测质量。

五、总结

"云检测平台"是广东省建设工程标准定额站积极推进"互联网＋"新型监管机制、践行"事中事后"监管的重要尝试，平台以服务为核心、应用为关键、大数据为基础、"阳光造价"为目标，突破了工程造价信息数据的主体和层级局限，提供了更高效率的造价成果文件检查检测工具，为企业提供更高质量的造价成果文件提供保障，增加了参与主体的公平合理竞争和透明化，同时也为造价行业主管部门的质量监测提供实实在在的依据，使工程造价管理工作更为深入透彻，进一步提高行业发展质量。

"云检测平台"建成后，作为广东省工程造价信息化平台的特色功能，通过与现有各地市造价监管系统、施工合同网签系统、诚信动态管理评价系统无缝链接、数据交换、互通共享，建立工程造价大数据、监管大数据、诚信大数据，打开了运用科技手段创新监管方式，变人工监管为智能监管、事后监控为实时监控、粗放监督为精准监督，提高监管科学化、程序化、公开化水平，完善工程造价监管手段，实现了"互联网＋智能监管""'双随机、一公开'抽检"的改革局面，有利于以下几个方面：

（1）通过对工程造价成果文件的质量检测，实现对工程造价咨询企业和注册造价工程师的工程造价咨询质量和计价行为进行监管，逐步消除僵尸企业、证书挂靠等乱象，为工程建设咨询业主提供优质的咨询单位，为造价咨询业的诚信监管平台建设提供基础数据；

（2）依据国家、广东省及各地市相关现行计价规范、造价标准等对造价成果文件进行快速、智能、精准的检查，实时对企业、人员的诚信进行检查，规范建设工程造价行业人员的执业行为，指导工程造价咨询企业对工程造价成果数据进行归集、监测，提高文件的编制质量；

（3）对工程造价数据进行分析整理，形成广东省及其各地市建设工程造价监测大数据，提升工程造价监管水平；

（4）利用信息化手段实现对工程造价的检测，逐步形成广东省及其各地市各类型建设工程的造价指标指数，各级住房城乡建设行政主管部门定期发布各类工程造价指标指数，引导建设市场主体对价格变化进行研判，为工程建设市场的预测预判、宏观决策提供支持。

（5）按照工程造价管理的现状，工程造价及其构成主要通过造价成果文件的方式予以呈现，是反映工程造价确定与控制的成果文件，也是造价纠纷调解不可或缺的基础性材料。实时、智能、高效、精准的工程造价成果文件质量检测工作，有利于评估调解难易、拟定调解策略、推进调解进程，维护公平、规范的市场秩序，服务建设各方主体，推动造价改革政策落地实施，提高社会治理社会化、法治化、智能化、专业化水平，更好地促进建筑业持续健康发展。

第九章

高举"一带一路"倡议，提高企业风险抵抗力，
助力工程造价企业走出去
——以职业责任保险制度为例

（广东省工程造价协会）

高质量发展是新时期国家对工程造价咨询行业提出的新要求。商务部等 19 部门发布的《关于促进对外设计咨询高质量发展有关工作的通知》（商合函〔2021〕1 号，以下简称《通知》）对我国造价咨询进行了全新的安排部署，明确了对外设计咨询的基本原则、具体目标和发展方向，针对对外造价咨询发展面临的困难与问题提出了一系列支持政策和实施举措。本章从《通知》出发，探讨了对外造价咨询高质量发展的内涵，并以工程造价职业责任保险的视角，分析了工程造价职业责任保险实现工程造价咨询高质量发展的推进路径，即加快构建完善多层次的工程造价咨询保险体系，推进"保险＋数字＋服务"模式创新，为工程造价咨询行业走出去提供保险解决方案，筑牢工程造价咨询保险的长效发展基础，全面提升服务和保障对外工程造价咨询的能力。

一、引言

职业责任保险承保专业人员由于业务上的错误、遗漏或其他过失行为，致使客户遭受损害的赔偿责任。职业责任保险是指从业者在定期向保险公司交纳保险费时期内，一旦在职业责任保险范围内突然发生责任事故时，由保险公司承担对受损害者的赔偿。保险公司可在政策范围内为从业者提供法定代理人，以保证其受到法庭的公正审判。参加职业责任保险是对专业人员自身利益的一种保护，它虽然并不能使专业人员摆脱在专业纠纷或事故中的法律责任，但由于保险公司给予的经济赔偿，实际上却可在一定程度上抵消或减轻其

为该责任所付出的代价。同时在职业范围内，保险人对他的委托人负有道义上的责任和法律上的责任。

二、背景和意义

1. "一带一路"倡议

共建"丝绸之路经济带"和"21世纪海上丝绸之路"倡议简称"一带一路"（The Belt and Road，缩写B&R）。2013年9月7日，习近平主席在哈萨克斯坦纳扎尔巴耶夫大学作题为《弘扬人民友谊 共创美好未来》的演讲，提出共同建设"丝绸之路经济带"。2013年10月3日，习近平主席在印度尼西亚国会发表题为《携手建设中国—东盟命运共同体》的演讲，提出共同建设"21世纪海上丝绸之路"。它充分发挥中国与有关国家既有的双边和多边机制，借助已有的、行之有效的区域合作平台，旨在借用古代丝绸之路的历史符号，高举和平发展、合作共赢的旗帜，积极发展与沿线国家的经济合作伙伴关系，共同打造政治互信、经济融合、文化包容的利益共同体、命运共同体和责任共同体。

"一带一路"倡议秉承共商、共享、共建原则，包含：①恪守联合国宪章的宗旨和原则。遵守和平共处五项原则，即尊重各国主权和领土完整、互不侵犯、互不干涉内政、和平共处、平等互利。②坚持开放合作。"一带一路"相关的国家基于但不限于古代丝绸之路的范围，各国和国际、地区组织均可参与，让共建成果惠及更广泛的区域。③坚持和谐包容。倡导文明宽容，尊重各国发展道路和模式的选择，加强不同文明之间的对话，求同存异、兼容并蓄、和平共处、共生共荣。④坚持市场运作。遵循市场规律和国际通行规则，充分发挥市场在资源配置中的决定性作用和各类企业的主体作用，同时发挥好政府的作用。⑤坚持互利共赢。兼顾各方利益和关切，寻求利益契合点和合作最大公约数，体现各方智慧和创意，各取所长，各尽所能，把各方优势和潜力充分发挥出来。

"一带一路"倡议，秉持和平合作、开放包容、互学互鉴、互利共赢的核心理念，全方位推进务实合作，打造政治互信、经济融合、文化包容的利益共同体、命运共同体和责任共同体。

把"一带一路"倡议建设成为和平之路、繁荣之路、开放之路、绿色之路、创新之路、文明之路，是我国面对的时代命题，共建"一带一路"倡议的建设目标。

和平之路。通过共同构建以合作共赢为核心的新型国际关系，打造对话不对抗、结伴不结盟的伙伴关系。让各国应该尊重彼此主权、尊严、领土完整，尊重彼此发展道路和社会制度，尊重彼此核心利益和重大关切。

繁荣之路。发展是解决一切问题的总钥匙。通过共同推进"一带一路"建设，要聚焦发展这个根本性问题，释放各国发展潜力，实现经济大融合、发展大联动、成果大共享。

开放之路。开放带来进步，封闭导致落后。对一个国家而言，开放如同破茧成蝶，虽会经历一时阵痛，但将换来新生。"一带一路"倡议建设要以开放为导向，解决经济增长和平衡问题。

绿色之路。通过践行绿色发展的新理念，倡导绿色、低碳、循环、可持续的生产生活方式，加强生态环保合作，建设生态文明，共同实现 2030 年可持续发展目标。

创新之路。坚持创新驱动发展，加强在数字经济、人工智能、纳米技术、量子计算机等前沿领域合作，推动大数据、云计算、智慧城市建设，连接成 21 世纪的数字丝绸之路。通过促进科技同产业、科技同金融深度融合，优化创新环境，集聚创新资源。共同为互联网时代的各国青年打造创业空间、创业工场，成就未来一代的青春梦想。

文明之路。以文明交流超越文明隔阂、文明互鉴超越文明冲突、文明共存超越文明优越，推动各国相互理解、相互尊重、相互信任。

"一带一路"倡议的顶层框架贯穿亚欧非及南太平洋延伸。其中，丝绸之路经济带三大走向：一是从中国西北、东北经中亚、俄罗斯至欧洲、波罗的海，活跃亚洲经济的脉动，二是从中国西北经中亚、西亚至波斯湾、地中海，互通欧洲经济的繁荣，三是从中国西南经中南半岛至印度洋，联通世界各州的经济的流动。同时，21 世纪海上丝绸之路两大走向：一是从中国沿海港口过南海，经马六甲海峡到印度洋，延伸至欧洲；二是从中国沿海港口过南海，向南太平洋延伸。构建出"六廊""六路""多国""多港"的四大主体框架。"六廊"，即六大国际经济合作走廊：新亚欧大陆桥、中蒙俄、中国—中亚—西亚、中国—中南半岛、中巴、孟中印缅经济走廊；"六路"，即公路、铁路、航运、航空、管道、空间综合信息网络，是基础设施互联互通的主要内容。"多国"，即一批先期合作国家，争取示范效应，体现合作成果。"多港"，即共建一批重要港口和节点城市，繁荣海上合作。

根据"一带一路"倡议合作内容，分为政策沟通、设施联通、贸易畅通、资金融通、民心相通。"一带一路"建设把沿线各国人民紧密联系在一起，致力于合作共赢、共同发展，让各国人民更好共享发展成果，这也是中方倡议共建人类命运共同体的重要目标。

2. 研究意义

随着"一带一路"倡议的持续推进，我国建筑业的海外发展空间不断扩大，依靠有效的双多边机制和区域合作平台，政策沟通、设施联通、贸易畅通、资金融通、民心相通的不断深化。据数据反映，2021 年 1～9 月，我国非金融类对外直接投资 5227.6 亿元，同比下降 5.2%（折合 807.8 亿美元，同比增长 2.4%）；对外承包工程完成营业额 6952.9 亿元，同比增长 9%（折合 1074.4 亿美元，同比增长 17.7%）；新签合同额 10329.6 亿元，同比下降 1.7%（折合 1596.2 亿美元，同比增长 6.2%）。同时期，我国对"一带一路"沿线国家投资合作持续增长，中国对沿线国家非金融类直接投资 148.7 亿美元，同比增长 14.2%，占同期总额的 18.4%，比去年同期上升了 1.9 个百分点。在沿线国家承包工程完成营业额 618 亿美元，同比增长 16.3%；新签合同额 808.1 亿美元，同比下降 3.5%。这反映出当前国际承包工程市场竞争日趋激烈，传统对外承包工程项目开发模式即将面临瓶颈。

然而，国内保险公司和工程造价咨询企业尚未形成合力，且工程造价咨询企业普遍缺乏海外服务经验和稳定的再保险支持，对于我国海外利益保险的供给相对滞后，造成了较严重的我国海外利益的外流，一些涉及国家战略和国家核心利益的项目由外资企业参与甚至主导，对国家核心利益造成潜在威胁，因此工程造价咨询自主权亟待加强。目前，国内工程造价咨询企业对于我国对外承包的工程采取国内计量计价的工程造价服务模式，对于对外承包工程利益的保障和服务能力有限，甚至容易引发国际纠纷，造成比较恶劣的国际影响，严重影响中国工程造价咨询业的国际形象，严重损害我国利益。

在此背景下，2021 年 1 月 4 日，《通知》明确了对外设计咨询的定义、指导思想、主要目标和基本原则，并从加强政策引导和机制保障、加强财税金融保险支持、加强企业综合竞争力、加强人才队伍建设、加强公共服务和行业管理等五方面提出了促进对外设计咨询高质量发展的具体措施。

（1）定义。对外设计咨询是指中国的企业或者其他单位为境外投资建设项目提供咨询和管理服务，开展相关规划、咨询、勘察、设计、造价、监理、项目管理和运营维护等活动，是对外承包工程的重要组成部分。

（2）指导思想。以习近平新时代中国特色社会主义思想为指导，全面贯彻党的十九大及十九届二中、三中、四中、五中全会精神，按照建设更高水平开放型经济新体制和现代化经济体系要求，以推动共建"一带一路"高质量发展为统领，坚持新发展理念，增强对外设计咨询核心竞争力，发挥对外设计咨询在对外承包工程价值链上的引领带动作用，促进对外承包工程转变增长动力，全面提升发展质量和效益，为构建新发展格局提供有力支撑。

（3）主要目标。到 2035 年，我国对外设计咨询在国际市场上的竞争力显著增强，在对外承包工程价值链中的地位明显提升，对对外承包工程发展的带动和引领作用更加有力，支撑对外设计咨询发展的标准规范体系、服务保障体系、政策支持体系和人才队伍培养体系逐步健全，形成一批覆盖不同业务层次和领域、具有一定国际影响力和专长的设计咨询企业，对我国和项目所在国经济社会发展的促进作用进一步增强，对推动共建"一带一路"高质量发展的作用更加突出。

（4）基本原则。完善政策，营造环境。建立健全政策服务体系，加强顶层制度设计，营造良好发展环境。市场导向，企业主体。坚持企业市场主体地位，推动企业按照商业原则提供集成化、多样化的对外设计咨询服务。合力推进，防控风险。发挥金融科研机构、高等院校和行业组织作用，形成发展合力。督促企业依法合规经营，防范化解各种风险。开放合作，互利共赢。深化国际交流合作，加强各方利益融合，实现共同发展。

下一步，商务部将会同相关单位认真按照《通知》要求，扎实开展相关工作，不断增强对外设计咨询在对外承包工程价值链上的引领带动作用，促进对外承包工程转变增长动力，全面提升发展质量和效益，为构建新发展格局提供有力支撑，推动共建"一带一路"走深走实。

保监会发布的《中国保监会关于保险业服务"一带一路"建设的指导意见》明确提出"支持保险业稳步'走出去'，构建'一带一路'保险服务网络"，构建国别工程造价咨询服务模式和风险咨询服务体系，加强工程造价咨询在对外承包工程中的作用，加快建设工程造价咨询职业责任保险制度等服务网络，建立工程造价咨询、保险跨境交流和服务平台等是"一带一路"倡议的总体建设中不可缺失的部分。应鼓励我国资本实力雄厚、境外业务有一定规模且有经营管理经验的工程造价咨询企业在"一带一路"沿线的重点区域铺设机构网点，为对外承包工程项目服务提供有效载体。此外，还可以借助"互联网＋"等手段探索"共同体"机制，形成资源共享、共同发展的创新跨境服务模式。

综上所述，建议从顶层设计的角度出发，研究"一带一路"背景下针对工程造价咨询的保险服务，搭建海外服务平台建设的必要性及实施路径，把保险服务作为一项制度保障，纳入国家"一带一路"倡议的总体布局之中。落实实践中工程造价咨询企业承包对内对外造价咨询服务的保险保障，这对于工程造价咨询企业争取大踏步前进和提高国际业务能力，对于工程造价咨询企业捍卫主权和更好地服务"一带一路"建设，都具有不可替代的意义。

三、基本情况

2019 年 9 月 19 日，中国建设工程造价管理协会（以下简称中价协）与中国太平洋财产保险公司在北京签署战略合作协议，共同推进工程造价咨询企业职业责任保险。同日，中价协印发了《关于开展工程造价咨询企业职业责任保险试点的通知》（中价协〔2019〕73 号），明确在北京市、天津市、上海市、重庆市、广东省、浙江省、江苏省、湖北省、湖南省、四川省及铁路、建设银行工程造价咨询企业开展职业责任保险试点；鼓励和支持其他地区（专业、行业）结合实际情况，因地制宜，分类指导，灵活推广。

2021 年 6 月 3 日开始，为贯彻落实《国务院关于深化"证照分离"改革进一步激发市场主体发展活力的通知》（国发〔2021〕7 号）和《住房和城乡建设部办公厅关于取消工程造价咨询企业资质审批加强事中事后监管的通知》(建办标〔2021〕26 号)等文件要求,中价协等各级行业自律组织将推广工程造价咨询企业职业责任保险作为取消工程造价资质审批的监管和保障措施。加强职业责任保险与企业信用评价的联动,提高信用评价指标中职业责任保险的权重,为会员单位在保险事故认定、保险理赔等事项中建立绿色通道。

截至 2021 年 10 月末,全国共有 72 家工程造价咨询企业参加投保,其中包括广东省的建成工程咨询股份有限公司等 16 家造价咨询企业(表 9-1)购买了自身相应的职业责任保险。

广东省购买职业责任保险的 16 家造价咨询企业　　　　　　表 9-1

序号	被保险人	省市
1	建成工程咨询股份有限公司	广东
2	中量工程咨询有限公司	广东
3	深圳市航建工程造价咨询有限公司	广东
4	珠海华信达工程顾问有限公司	广东
5	广东人信工程咨询有限公司	广东
6	广东泰通伟业工程咨询有限公司	广东
7	永道工程咨询有限公司	广东
8	广东丰帆工程咨询有限公司	广东
9	广州市新誉工程咨询有限公司	广东
10	深圳群伦项目管理有限公司	广东
11	广东省建筑设计研究院有限公司	广东
12	广州珠建工程造价咨询有限公司	广东
13	广东华禹工程咨询有限公司	广东
14	广州灏天工程顾问有限公司	广东
15	广东天华华粤工程造价咨询有限公司	广东
16	广东重工建设监理有限公司	广东

职业责任保险作为一种有效的风险管理手段,已在世界各国普遍存在。在我国的医生、会计师、建筑师、工程师、律师等其他专业技术人员的中介服务行业中已经推行。近年来,随着我国工程造价咨询行业的快速发展,国家"一带一路"倡议的实施以及咨询市场国际化竞争的加剧,在工程造价咨询领域推行职业责任险是势在必行的,也是工程造价管理改革的重要成果之一。

推广造价咨询企业职业责任保险,是工程造价管理改革的一项重要配套措施,是工程造价市场化、国际化的重要保障,推行工程造价咨询企业职业责任保险,有利于提高工程造价咨询企业的风险抵御能力和国际竞争能力,优化企业发展环境,促进工程造价咨询行业健康可持续发展，助力企业"走出去"，为工程造价咨询企业和工程建设保驾护航。

为推进工程造价咨询企业职业责任保险，大力鼓励和协助建设工程造价咨询企业投保，在中价协开通了企业投保和理赔的绿色通道，方便工程造价咨询企业投保。

四、工程造价咨询企业职业责任保险的介绍

（一）保险责任

在保险期间或保险合同载明的追溯期内，工程造价咨询企业及其注册造价工程师，在从事工程造价咨询业务过程中，由于非故意行为造成委托人及其利害关系人（以下统称为"受害方"）的经济损失，受害方可在保险期间内向工程造价咨询企业提出索赔。对于应由工程造价咨询企业承担的经济赔偿责任，保险公司将根据保险合同的约定，在保险单载明的赔偿限额内负责赔偿。

（二）保单结构

1. 投保人

工程造价咨询企业可以为本企业投保，其他自然人、法人或其他组织也可为特定的工程造价咨询企业投保。也就是说，工程造价咨询企业职业责任保险的投保人主体资格一般不作特别限制。

2. 被保险人

与投保人不同，工程造价咨询企业职业责任保险的被保险人应符合一定条件，即被保险人应为在中华人民共和国境内（不含香港、澳门特别行政区和台湾地区）依照中华人民共和国法律（不含香港、澳门特别行政区和台湾地区），取得工程造价咨询企业资质的企业（机构）。

3. 投保费用

保费按照首次投保和续保两种情况分别确定。首次投保按照 6 万元/年计算，续保按照 4 万元/年计算，见表 9-2。如果建设工程造价咨询企业发生保险事故理赔后再投保或续保的，其保费标准另行规定。

工程造价咨询企业职业责任保险投保费用表　　　　表 9-2

企业类型	基础保费金额（含税）	其中：可抵税金（增值税税率 6%）
续保企业	4 万元/年	2264.15 元
首次投保企业	6 万元/年	3396.23 元

4. 赔偿限额

保险期间，全年累计赔偿限额 1 亿元，中价协会员或其认可的省级会员，每次事故赔偿限额 1000 万元；其他企业每次赔偿限额 500 万元。

5. 保险期间

保险期间是指保险合同的有效期限。保险期间一般为一年，具体以保单载明的起讫时间为准。

6. 保险赔偿责任期间

保险赔偿责任期间是指保险公司承担赔偿责任的期间。工程造价咨询企业职业责任保险是以受害方在此期间内向工程造价咨询企业提出经济赔偿的时点为基础（即期内索赔制），大体上是事件发现时点。只要该时点在投保人保险期间，且在追溯期内出具的成果文件都属于可以向保险公司申请理赔的范围，超过追溯期的不在保险范围。

追溯期一般分别按照下列方式确定：

（1）首次投保的追溯期为两年，即向保险公司提出赔偿的时间，在成果文件出具后的两年内，都属于可以向保险公司申请理赔的；

（2）连续投保的追溯期为三年，即向保险公司提出赔偿的时间，在成果文件出具后的三年内，都属于可以向保险公司申请理赔的；

（3）试点期内投保享有连续投保的优惠政策，追溯期为三年。

7. 适用条款

中国太平洋财产保险股份有限公司承保的工程造价咨询企业职业责任保险，适用保险条款为中国银行保险监督管理委员会备案的《中国太平洋财产保险股份有限公司工程造价咨询机构职业责任保险条款》（产品注册号：C00001430912019070900171）。

（三）投保流程

投保人按照统一流程投保，具体流程如下：

1. 准备投保所需资料

营业执照副本复印件、增值税专用发票开票信息。

2. 填写投保单

投保企业填写投保单（可在中价协官网的会员服务系统或纠纷调解页面下载，也可通过指定的电子邮箱索取）。

为方便工程造价咨询企业投保和咨询，保险公司派服务专员到中价协现场提供技术服务，随时接受工程造价咨询企业的咨询，并就投保手续、保险方案等问题提供专业的解释，协助投保企业完成投保单填写。

3. 缴纳保费

投保人向中国太平洋财产保险股份有限公司投保的，需在保单生效前将全额保险费一次性支付到指定账户。

4. 出具保单及保费发票

保险公司将在收到完整的投保资料及企业汇款凭证后3个工作日内签发保单及出具保费发票。

5. 保单送达

保险公司在出具正式保单后，于下一个工作日通过邮寄或快递的方式，将保单及发票送至投保人或被保险人。

承保出单后，为便于投保企业了解承保服务内容，保险公司将向根据投保人的要求提供有关保险的服务信息，告知保险责任及理赔服务流程等。

6. 出具批单

在保险期限内，如有涉及保险单要素关键事项需要变更，投保人应及时反馈给保险公司，保险公司将在收到批改申请后3个工作日内出具批单，并及时递交至投保人。

（四）理赔流程

保险索赔与理赔是投保人和保险公司之间互相配合的工作。为了保险责任发生后投保人能够最快捷地获得保险赔偿，保险公司根据保险合同的条款作出如下索赔指引（图9-1）。

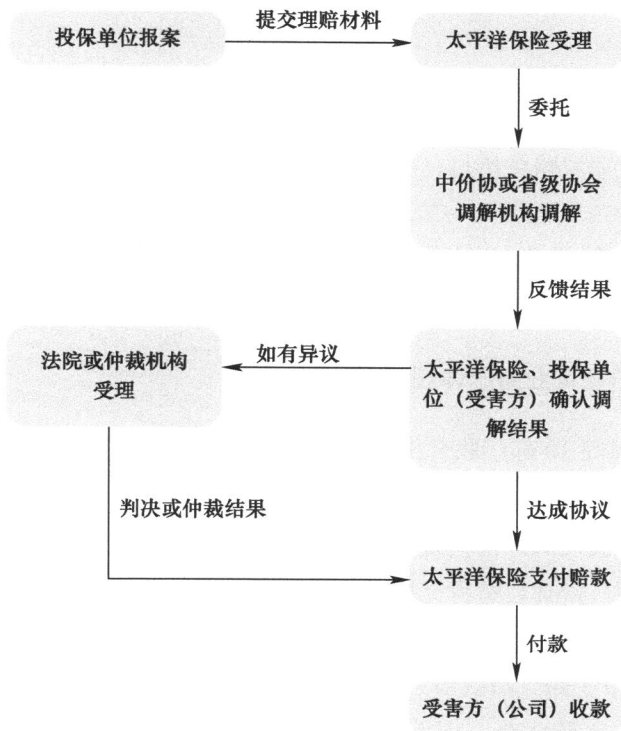

图 9-1　工程造价咨询企业职业责任保险具体理赔流程图

1. 理赔报案

发生保险事故后，请投保人尽快拨打客户服务热线 95500 或专线电话 010-68333318 向保险公司报案。

2. 递交索赔资料

投保人向保险公司提交索赔材料：索赔申请书、投保人出具的成果文件、受害方提出的损失资料或清单等。

3. 审核索赔资料

保险公司接到投保人的索赔资料后，提交给中价协或地方造价调解委员会审核，提出调解意见，确定赔偿责任及金额。

如投保人及受害方对调解结果有异议，可以按照合同约定，通过法院诉讼或仲裁的方式来核定责任及赔偿金额。

4. 给付赔款

投保人及受害方通过调解、诉讼或仲裁确定赔偿责任及金额后，投保人与保险公司达成赔偿协议，保险人完成赔款给付。

五、推广造价咨询职业责任保险的困难和问题

1. 对外工程造价咨询业务总体规模不大

2021 年，商务部等 19 部门联合出台《关于促进对外设计咨询高质量发展有关工作的通知》，充分反映了"对外设计咨询服务是对外承包工程的重要组成部分，而'一带一路'沿线国家和地区又是我国对外投资合作的重点。可以预见，我国在'一带一路'沿线国家的规划、咨询、勘察、设计、造价、监理、项目管理和运营维护等领域的服务外包或将迎来高速增长。"

与此同时，"一带一路"沿线多为发展中国家和新兴市场国家，我国在 BPO❶、KPO❷业务方面具有一定的比较优势。因此，我国企业承接"一带一路"沿线国家的 BPO 和KPO 业务或将增长较快。

根据中国建筑业协会数据反映，2020 年我国对外承包工程业务完成营业额 10756.1 亿元人民币，同比下降 9.8%（折合 1559.4 亿美元，同比下降 9.8%），新签合同额 17626.1 亿元人民币，同比下降 1.8%（折合 2555.4 亿美元，同比下降 1.8%）。2010 年至 2020 年对外承包完成营业额及同比变化率如图 9-2 所示。2010 年至 2020 年对外承包新签合同额及同比变化率如图 9-3 所示。

然而，对外设计咨询的统计数据没有公布，从另一个角度可反映出对外咨询服务出口数据是缺乏的，对外咨询服务出口业务量少之又少。

---

❶ 商务流程外包（Business Process Outsourcing，简称 BPO）是指将本方商务流程中的部分或全部的非核心流程交由另方操作。通过将客户的部分或全部管理及运营中流程转移到服务商，将公司有限的资源从非核心业务中解放出来，集中到核心业务上，从而提高客户流程自动化的能力。

❷ 知识流程外包（Knowledge Process Outsourcing，简称 KPO）是围绕对业务诀窍的需求而建立起来的业务，指把通过广泛利用全球数据库以及监管机构等的信息资源获取的信息，经过即时、综合的分析研究，最终将报告呈现给客户，作为决策的借鉴。KPO 的流程可以简单归纳为：获取数据──进行研究、加工──销售给咨询公司、研究公司或终端客户。知识流程外包过程涉及要求领域专业技能的知识密集型业务流程。

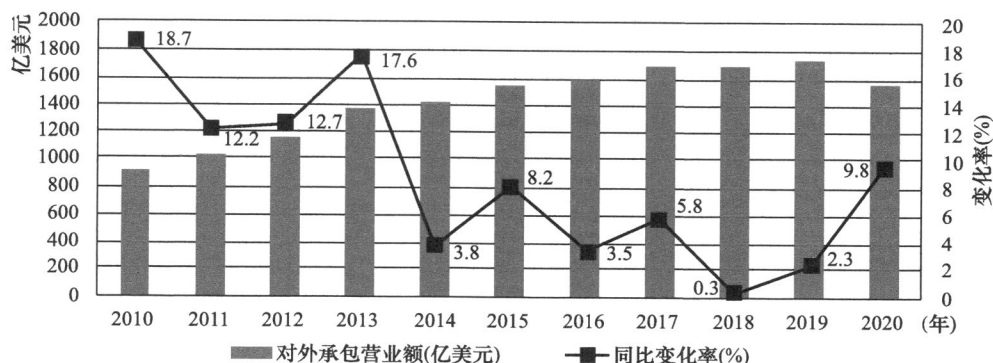

图 9-2　2010 年至 2020 年对外承包完成营业额及同比变化率

（资料来源：中国建筑业协会发布的《2020 年建筑业发展统计分析》）

图 9-3　2010 年至 2020 年对外承包新签合同额及同比变化率

（资料来源：中国建筑业协会发布的《2020 年建筑业发展统计分析》）

2. 工程造价咨询核心竞争力不强、 国际化水平不够高、 顶尖品牌较少

我国工程造价咨询业，从中华人民共和国成立初期到改革开放之前，我们基本上实行的是过去苏联的模式。采用的是计划经济下的单一定额计价模式，在那个时期，定额确实发挥了很大的作用，也符合当时的形势要求。

改革开放之后，到了 20 世纪 90 年代，对于工程造价咨询提出了"固定量、指导价、竞争费"的市场思路，应当说是工程造价咨询应对国内的改革开放，作出了相较合适的工作改革。到了 21 世纪初，《建设工程工程量清单计价规范》的发布与应用，让工程造价咨询业学习了国际通行做法，了解了清单计价模式。同时，工程造价咨询业应遵循国际通行做法，全面、真正实施清单计价模式，把"按定额定量定价"改为"按工程评估造价、按图纸计算工程量、按市场确定价"。但问题是清单计价模式并没有完全落实到位，反而实行了"双轨制",既清单计价又定额计价,甚至目前来看主要的还是定额计价。简而言之,就是"清单的皮,定额的心"。

当前,定额计价模式存在着不足,可归纳为"一缺两不准"。"一缺"是指定额永远是缺项的,现在的技术发展日新月异,新技术、新材料、新产品太多了,满足不了发展的需要。"两不准"的第一个不准,是指定额确定的工程消耗量对某一个工程、某一个企业来讲,它永远是不准的,定额的消耗量叫作全国平均水平,它是代表我国或国内某一地区在某一时期的平均水平,对某一个企业来说,它是准不了的。第二个不准是指价不准,计价经济时期定额计价可能没问题,全国一个价,但是现在不是这样。首先,各地造价管理机构或标准定额站发布的价格信息是参考价、指导价、价格信息、基准价、调价系数等。其本质上都没有离开政府定价。其次,我国的"市场形成造价"机制还没有形成。这个机制也包括了工程造价咨询企业的能力。工程造价咨询企业能力不够,尤其表现在询价能力不够。在概算、估算阶段,没有一个科学的定价依据。我国定额是按照图纸算量的,但是估算、概算阶段的图纸满足不了套定额的要求。因此,概算、估算阶段的定价肯定是先天不足的。这反映了我国现行的造价形成机制存在先天不足。

目前我国工程造价管理模式和价格形成机制与国际上通行做法是不接轨的。

3. 政策促进体系有待完善

当前,我们持续推进服务贸易供给侧结构性改革,服务供给体系的适应性和灵活性不断增强,服务出口成为服务贸易增长的主引擎,推动服务进出口结果持续优化。据《中国服务贸易发展报告 2020》数据反映,我国服务出口占服务进出口的比重从 2015 年的33.4%上升为 42.4%,提高 9 个百分点。图 9-4 所示为"十三五"时期中国服务出口与服务进口占比。

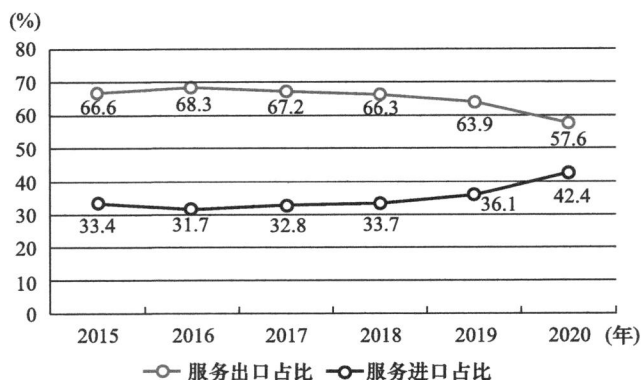

图 9-4 "十三五"时期中国服务出口与服务进口占比

(资料来源:中华人民共和国商务部)

知识密集型服务进出口 2947.6 亿美元，同比增长 8.3％。其中，知识密集型服务出口 1551.5 亿美元，增长 7.9％；知识密集型服务进口 1396.1 亿美元，增长 8.7％。剔除受疫情不利影响的 2020 年后，2015—2019 年知识密集型服务进出口年均增长 11.0％，高出传统服务进出口 9.6 个百分点，对服务进出口增长的贡献率达 70.9％。其中，知识密集型服务出口年均增长 11.4％，高出传统服务出口 9.9 个百分点，对服务出口增长的贡献率达 77.6％；知识密集型服务进口年均增长 10.5％，高出传统服务进口 9.1 个百分点，对服务进口增长的贡献率达 64.3％。图 9-5 所示为"十三五"时期知识密集型服务进出口与传统服务进出口占比及增速。

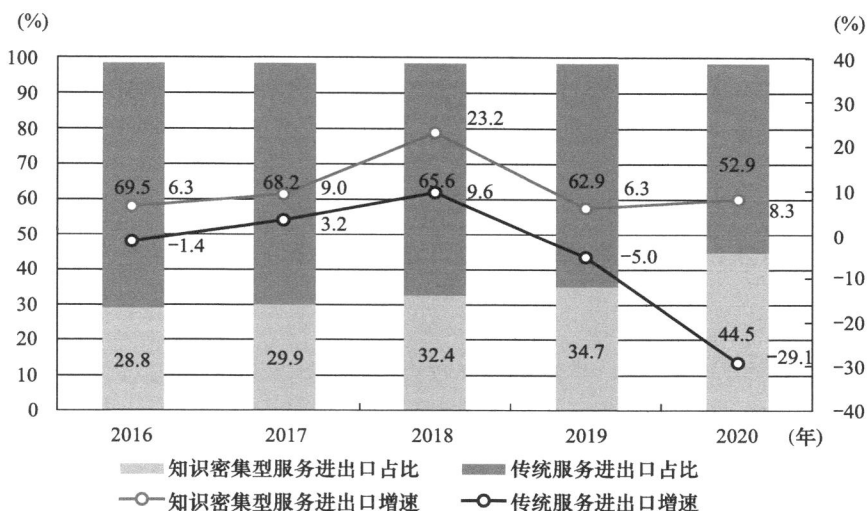

图 9-5　"十三五"时期知识密集型服务进出口与传统服务进出口占比及增速

（资料来源：中华人民共和国商务部）

服务贸易对外贸增长的贡献在持续提高，主要原因有两点：一是随着新一代信息技术加快发展，以信息通信技术（ICT）为主的数字贸易蓬勃发展，服务贸易成为推动外贸增长的重要力量；二是市场准入进一步放宽，我国连续四年修订外资准入负面清单，取消或放宽服务领域准入限制，大大地开放了市场服务，如金融领域、电信领域、文化娱乐领域、人力资源领域等。

2021 年 6 月 3 日，国务院发布了《关于深化"证照分离"改革进一步激发市场主体发展活力的通知》（国发〔2021〕7 号），取消工程造价咨询企业资质审批，创新和完善工程造价咨询监管方式，加强事中事后监管。2021 年 6 月 29 日，住房和城乡建设部印发了《住房和城乡建设部办公厅关于取消工程造价咨询企业审批加强事中事后监管的通知》（建办标〔2021〕26 号），明确了取消工程造价咨询企业资质审批；健全企业信息管理制度；

推进企业信息体系建设；构建协同监管新格局；提升过程造价咨询服务能力；加强事中事后监管。2021 年 7 月 29 日，住房和城乡建设部印发了《住房和城乡建设部办公厅关于印发工程造价改革工作方案的通知》（建办标〔2020〕38 号），进一步确立了工程造价改革的工作方向，明确了改进工程计量和计价规则，完善工程计价依据发布机制，加强工程造价数据积累，强化建设单位造价管控责任，严格施工合同履约管理等 5 项改革内容。

但是，建筑业的对外设计咨询服务领域，市场准入有待进一步放宽和落实，设计咨询行业相关的政策和指导有待完善和改进。

六、工程造价咨询企业职业责任保险推进工程造价咨询高质量发展的内涵

当前，共建"一带一路"倡议的深入实施，建设开放型经济新体制进程不断加快，工程造价咨询行业发展面临着机遇和风险，为落实建筑业持续高质量发展，具体可从以下 3 个方面入手。

1. 紧跟国家政策，服务国家战略，加快构建完善多层次的工程造价咨询职业责任保险体系

我国职业保险的发展历程，是紧跟国家政策、服务国家战略的过程。按照《国务院办公厅关于促进建筑业持续健康发展的意见》（国办发〔2017〕19 号）、《住房城乡建设部工程造价事业发展"十三五"规划》《国务院关于在自由贸易试验区开展"证照分离"改革全覆盖试点的通知》（国发〔2019〕25 号）、《住房和城乡建设部办公厅关于印发住房和城乡建设领域自由贸易试验区"证照分离"改革全覆盖试点实施方案的通知》（建办发函〔2019〕684 号）等文件的要求，中国太平洋财产保险股份有限公司在中国建设工程造价管理协会的指导下，结合我国工程造价咨询业的实际情况并参照国际惯例做法，开发了工程造价咨询企业职业责任保险，并于 2019 年 7 月经中国银行保险监督管理委员会备案。为提高工程造价职业责任保险保障水平，提升工程造价咨询企业和执业人员抵御风险、管理风险能力，工程造价咨询职业责任保险体系的多层次体现为保障程度、保险责任和产品类型三个维度，保障工程造价咨询企业"走出去"。

（1）保障程度。加快完善机制改革和探索制度创新，加强政策引导和机制保障，落实财税金融保险支持。贯彻落实住房和城乡建设部工程造价改革工作方案，引入和发展国际工程造价咨询服务模式，加快吸收、借鉴国外工程造价咨询标准或惯例的有利经验，发布相关中外标准互译版，积极在对外投资、技术出口和援建工程项目中加强培训，考究港澳地区先进做法，对标全过程工程咨询服务，完善工程总承包建设组织模式。通过现有财税、金融、保险等渠道支持工程造价咨询行业国际化经营，推动工程造价咨询企业"走出

去"。支持企业依法依规享受税收优惠政策，降低境外经营成本。统一市场计量计价规则，培育市场化的价格发布机制，建设各类工程项目类型指标指数库，建立第三方信用评价机制，逐步奠定工程造价咨询在项目决策、实施和运营过程中的支撑作用，保障项目高质量实施，实现可持续发展。支持工程建设相关的企业在"一带一路"沿线国别开展市场准入认证，为技术、设计和工程造价咨询服务"走出去"提供支撑。加强企业能力、实力和魄力建设合作，支持对外工程承包企业和有关协会联合，主办或承办工程造价咨询企业线上、线下等形式的援助培训，加强政策、标准、技术、服务沟通联通工作。支持中国建设工程造价管理协会信用评价❶机制深度衔接境外项目，积极提供评级服务。

（2）保险责任。积极发挥各国之间各阶层合作平台作用，防范自然灾害等不可抗力风险，政治、安全、社会、法律、违约和国际市场价格波动的多重风险。保险作为现代社会风险管理的基本手段，也是国际经济事务中通行的风险防范成熟机制，理应在工程造价咨询企业"走出去"的路上发挥更大的作用。当前，在"一带一路"倡议建设和我国改革开放高质量发展的双车道上，为我国的海外利益保驾护航。我们应加强国家经贸之间、投资合作、行业对接衔接等双多边政府、企业和民众等经贸合作机构沟通。鼓励投资者加大工程造价咨询领域的合作，对各类对外投资行为或外资对我国投资项目实施多领域、多层次的工程造价咨询服务，为项目投资者提供高质量咨询服务。支持工程建设相关的企业在"一带一路"沿线国别开展市场准入认证，为技术、设计和工程造价咨询服务"走出去"提供支撑。加强企业能力、实力和魄力建设合作，加强国际、政治、法律、社会、市场、标准、技术、服务沟通联通工作。

（3）产品类型。要以"中央政策性险种为主导，地方政策性险种、商业型险种和创新型险种为补充"，贯彻落实工程造价咨询职业责任保险服务。鼓励各类金融保险机构按照风险可控、业务可持续原则开发适应对外工程造价咨询企业和项目特点的保险产品，探索引入职业责任保险，完善信贷支持政策。加快发展工程造价咨询职业责任保险内涵，拓展工程造价咨询职业责任保险的风险保障范围。围绕"一带一路"沿线建设、对外承包工程实施和职业造价工程师对外执业的范围，探索创新发展的跨界保险、金融模式。研究有条件的商业性金融机构和企业在业务范围内按照依法合规和风险可控的原则，建立对外工程造价咨询发展基金等金融产品。加快完善保险，为对外工程造价咨询企业提供优质高效的

---

❶ 中国建设工程造价管理协会信用评价根据《国务院关于印发社会信用体系建设规划纲要（2014—2020年）的通知》（国发〔2014〕21号）、《国务院关于建立完善守信联合激励和失信联合惩戒制度加快推进社会诚信建设的指导意见》（国发〔2016〕33号）、《国务院办公厅关于加快推进社会信用体系建设构建以信用为基础的新型监管机制的指导意见》（国办发〔2019〕35号）、《关于推进行业协会商会诚信自律建设工作的意见》（民发〔2014〕225号）、《关于进一步推进工程造价管理改革的指导意见》（建标〔2014〕142号）、《工程造价咨询企业管理办法》（建设部令第149号）等法律、法规、规章和文件的规定制定。

跨境金融服务，支持其在跨境贸易中使用人民币结算，降低汇兑风险，减轻企业项目前期投资资金压力。

2. 建立"保险＋数字＋服务"的创新模式，加强企业综合竞争力

面对市场日益激烈的竞争和产业融合新业态的趋势，工程造价咨询企业要实现高质量发展，应加快推进"保险＋数字＋服务"模式的创新，增加市场竞争力，强化科技赋能发展，延伸服务深度和广度，推动实体经济发展。具体可从以下 3 个方面开展：

（1）提供适应市场需求的保险产品，采取"政策性保险＋商业保险""基本保障＋风险保障"等方式提高保障水平。对外承包工程具有"规模大、投入大、风险大"的特征，风险保障可以是提高保额的商业保险和风险保险，也可以是拓展责任的价格保险、收入保险以及附加险等。将保险服务链向工程造价咨询产业上下游延伸，以国内或对外总承包工程项目服务组织为重点，提供覆盖全流程保险。开拓工程造价咨询职业责任保险一揽子组合保险产品，供企业自由选择投保险种和保障额度。鼓励建立项目风险评估机制，准确调查评估项目所在国风险，为项目单位决策研判提供支撑。落实工程造价改革任务，引导工程造价咨询企业加快转变生产经营理念和组织实施方式，结合自身优势和特点积极参与境外不同类型的工程造价咨询项目。鼓励有实力、有条件的工程造价咨询企业采取联合经营、并购重组等方式延展业务链条，培育综合性多元化服务能力。发挥保险事前风险预防、事中风险控制、事后理赔服务的作用，适应国际市场工程造价咨询服务模式，增加新业态、新场景的转变。

（2）加快推进"数字造价"全生命周期服务模式，开拓工程造价咨询服务模式，提高技术研发创新能力。鼓励工程造价咨询企业加大科研投入和技术创新，形成专利技术优势，增强核心竞争力。加快数字化转型升级，加强信息化业务平台建设，鼓励与推进工程造价咨询服务成品的数字化交付。积极参与新基建和传统基础设施升级改造，在低能耗建筑、智慧城市开发等先进工程领域积累经验，加快形成参与国际竞争的新优势。同时，建立工程项目要素价格信息监测平台，采集"一带一路"沿线建设项目市场要素的价格信息，分析价格波动因素和影响范围。其次，建设工程造价咨询大数据平台，运用大数据打造风险评估、建模和定价的风险闭环管理，将保险条款、承保和赔付情况进行关联分析，并相应对业务流程环节进行修正。

（3）延伸工程造价职业责任保险服务链和价值链，整合上下游产业能力，提高境外市场开拓能力。推动工程造价咨询企业加大对国际工程领域主要标准体系的学习和研究，支持对外工程承包企业和有关协会联合主办或承办工程造价咨询企业线上、线下等多类型的援助培训，增强参与国际工程造价咨询项目能力。加强与国际大型工程造价咨询企业资本、品牌合作，通过多种方式参与对外工程造价咨询项目，联合开拓境外市场。鼓励有条件的工程造价咨询企业联合国内投资、勘察设计、建设施工、装备制造、大型原材料生产企业和金融保险机构共同开拓国际市场，共享市场网络和资源。建设对外工程承包项目大数据平台，建立合理成本分担和利益分配机制，加强深度融合，形成对外承包工程上下游产业合力。

3. 加强公共服务和行业管理，加强人才队伍建设，筑牢工程造价咨询服务长效发展基础

工程造价咨询要实现高质量发展，必须把工程造价咨询专业人才建设放在更加重要的位置，拓展发挥行业组织的作用，加强相关政府部门及有关机构的指导。具体可从以下 3 个方面加强：

（1）加大人才培养储备，开展人才交流合作。工程造价咨询是指面向社会接受委托、承担建设项目的全过程、动态的造价管理，包括可行性研究、投资估算、项目经济评价、工程概算、预算、工程结算、工程竣工结算、工程招标标底、投标报价的编制和审核、对工程造价进行监控以及提供有关工程造价信息资料等服务的综合性专业。并在新业态、新发展环境下，市场对工程造价咨询服务的要求将在原有的服务上，新增更多的工程项目前后期工作服务。比如，工程前期的设计方案经济对比、工程项目环境经济评价、工程项目后期运营评估、工程项目全生命周期评估等服务。我们应推动相关普通高等学校、职业院校优化工程造价领域专业设置。深化新工科建设，改造升级传统工科，加快发展新兴工科。创新工程教育教学组织模式，加强学科专业交叉融合，推进工程设计咨询跨院系、跨学科、跨专业人才培养，建立完善企业人员培训和在校学生实习机制。深化产教融合，支持重点工科高校与造价咨询企业共建共管工程造价咨询学院，加强对国际工程咨询理论与方法的研究，着力培养适应工程造价咨询产业需要的高质量人才。鼓励引进国内急需的工程造价咨询领域高端人才和优秀团队，对外加强交换生、留学生派遣和在职人员交流。积极推动高校与造价咨询企业联合培养熟悉中国标准的工科留学生，提供实习就业机会。围绕"一带一路"建设需求，探索组建相关工科高校战略联盟，搭建人才交流网络和平台。

（2）探讨中外执业资格认证对接。探索建立执业人员海外工程业绩和信用评价体系，完善从业人员资格管理。加快推进工程造价咨询执业人员与境外执业人员的资格双边互认，努力实现相关国内工程技术资格与国际执业资格认证对接，提高中国工程技术人员在国际工程领域的执业资格认可度。

（3）强化政府相关部门指导，积极发挥行业组织作用。加强相关政府部门及有关机构协调配合，引导企业加强风险防范。完善相关信息服务平台，运用大数据平台分析，及时发布市场要素价格波动、海外政治、社会民生、劳务信息、安全风险等评估或者监测报告和预警提示，指导企业防范化解重大风险。综合运用经济、法律等合法手段，维护企业合法权益。加强发挥行业组织和协会作用。发挥工程承包、工程咨询等相关行业组织和协会作用，加大与有关国际机构的对接，推动工程造价咨询企业对外开展交流合作。加强行业促进和管理，研究建立对外工程造价咨询骨干企业库，规范市场秩序。鼓励境外中资企业商（协）会加大国别市场要素信息采集和研究，为国内工程咨询企业"走出去"提供政策指引和信息服务的支持。

七、总结

工程造价咨询要实现高质量发展，职业责任保险是重要的一部分，必须要将工程造价咨询职业责任保险工作提高到维护国家海外利益安全，不折不扣地落实国家政策的政治高度。健全风险的全过程管控机制，严格执行工程造价咨询职业责任保险承保理赔操作规范，坚守合规经营底线。通过优化保险业务流程、完善管理制度、健全内控体系、增强信息技术支撑、强化资源投入等方法，提高工程造价咨询职业责任保险的防范风险能力和工程造价改革工作的分量。

工程造价咨询企业职业责任保险从 2019 年试点至今已走过了两年多的发展之路。随着"一带一路"倡议进入高质量发展的新时期，我们要深入贯彻党中央、国务院的决策部署，始终不忘初心、牢记使命，全面服务"一带一路"倡议，推进我国对外工程承包工作持续迈上新台阶，为我国实现"两个一百年"奋斗目标作出新的贡献。

第十章

打造开放、共享平台，提升造价管理部门引导力

——以广东省建设工程造价纠纷在线处理系统为例

（广东省建筑设计研究院有限公司　中国建筑第四工程局有限公司）

一、试点项目背景

随着我国经济体制改革全面推进，建筑业作为国民经济支柱产业之一，在社会经济发展中占有重要地位。建筑业的蓬勃发展不仅吸引了国内各行业资源持续注入，国内各类建筑企业数量持续增加、企业规模不断扩大，同时也吸引了大量国外的建筑企业进入国内建筑市场竞争。我国在建筑业"十三五"规划中指出，企业应在下一个五年中做好转型定位的规划，向多元化和专业化发展，扩大企业在激烈市场竞争下的生产空间。在国内建筑业市场快速发展，逐步与国际接轨的过程中，企业发展的需求、市场竞争的程度、管理和技术的进步等因素都在不断刺激着我国建筑行业，尤其是建筑市场从资源配置效率低的计划性向资源配置效率高的市场性转变。这种转变推动着建筑行业生产效率不断提升，集中体现在建筑产品市场价格的激烈竞争中。

与此同时，随着建筑业的高速发展，建筑工程纠纷数量也呈不断上升趋势。由于该类纠纷涉及的法律关系复杂、产生原因多样、时间跨度大、专业技术性较强等，造成建设工程纠纷处理难度较大。纠纷给双方带来了很大的经济和精神负担，由纠纷引起的争议、仲裁、诉讼等事件时常见诸报端，严重者甚至引发激烈冲突，造成不良的社会影响。建设工程纠纷大多由工程造价纠纷引起，而其他原因引起的纠纷最终也大多归结到工程造价的赔偿上。如何减少和避免工程造价纠纷的产生，以及纠纷产生后如何处理，是我们造价人面

临的一个重要课题。

因此，广东省建设工程标准定额站依托省站优势，坚持服从大局，做好统一指挥，组织 21 个地市造价站及十余家业内知名企业，深入分析现阶段我国工程造价纠纷的现状和问题，联合打造了"广东省建设工程造价纠纷在线处理系统"。该系统系基于造价监管与服务部门视角，提出在数字化改革浪潮下，运用"互联网＋"思路建立益民、便民服务平台，实现造价纠纷处理在线化，利用区块链技术重构信任体系，利用大数据、智能化实现驱动市场定价机制，充分发挥各方优势技能形成合力，携手打造共商、共建、共创环境，提升行业监管与服务能力，实现现代化造价管理部门精准服务目标，赋能作业端、管理端、治理端，利用结构化、在线化、智能化的数字化特征对全过程、全要素、全参与方进行组织重构，从传统造价管理模式向以项目价值管理为本的新模式进行转变，带动全参与方都参与到工程造价管理工作，实现项目全生命周期投资价值更优、全要素综合成本更低、全参与方综合效益更好，让每一个工程项目综合价值更经济的管理目标。

1. 政务转型升级的需要

国务院印发《关于积极推进"互联网＋"行动的指导意见》，意见指出"互联网＋"能够提供更多益民服务，要加快发展基于互联网的创新政府服务模式，提升政府科学决策能力和管理水平。政府工作报告指出：做大做强新兴产业集群，实施大数据发展行动，加强新一代人工智能研发应用，在多领域推进"互联网＋"；要打造工业互联网平台，拓展"智能＋"，为制造业转型升级赋能。互联网的应用已成为当今社会的重要组成部分，当下国家供给侧改革及建筑产业变革正有序进行，以"云、大、物、移、智、边、区"为代表的数字化技术正促进变革的有效落地，基于"互联网＋新技术"的服务模式已成为政务服务转型升级、提质增效的必要条件。

2. 造价行业治理需求

党的十九大再次强调"价格机制是市场机制的核心，市场决定价格是市场在资源配置中起决定作用的关键因素"。工程造价纠纷主要以合同、法律、计价依据为基础，针对价格问题产生的争议。有效调解造价纠纷，做到数字化精细管理，提供数字化精准服务是保障市场定价、引导资源配置的重要保障。造价纠纷处理业务的本质是对标准信息的统一拆解并为其他相关人员提供参考，传统模式受线下操作制约及特定人员才具备处理相关业务能力的限制，导致纠纷调解响应慢，计价依据无法及时、准确为市场提供参考，未能真正体现服务建筑市场的价值。作为造价监管与服务部门，探索"互联网＋"服务模式，利用新型信息技术，以工程造价管理为中心，针对造价纠纷管理角度提供更多的便民服务，通过新技术实现服务升级，已成为当前时代造价监管和服务的主基调。

3. 数字造价管理驱动

我国正在大力推进数字化战略。党的十九大报告中提出"加快推动大数据与实体经济的深度融合，加快推进科技创新，建设数字中国"的数字化理念。作为建筑业重要组成部分的工程造价领域也对本领域的数字化提出整体的规划，即数字造价管理。

住房和城乡建设部标准定额司为凝聚行业共识，引导行业持续健康发展，多次指导了"数字造价管理"的研究与编制工作，旨在通过业务牵引、科技赋能、对传统业务模式进行改进创新，为工程造价专业可持续发展提供新动能。当前工程计价争议纠纷相关方主要通过来电、来函或来访等途径，将工程计价中存在的争议问题反映到工程造价管理部门进行咨询处理，具有典型传统作业的低质低效特征。我们可以利用互联网、大数据及区块链技术，改变现有工作模式。充分发挥政府监管部门的服务职能，营造主动控制为导向的新管理模式，构建以生产要素、大数据为核心的数字造价服务新体系。

二、试点项目做法

1. 技术路线选型

（1）以 Java 为主要开发语言，Eclipse 为开发 IDE（集成开发环境）。

（2）使用高可用架构分布式服务架构 Dubbo，保障系统运行稳定性、安全性、共享性。

（3）使用稳定性强、市场认可度高的关系型数据库 MySQL，采用数据库集群、定时备份，以保证数据的安全。

（4）前端展示层部署跟后端服务层部署分开运行，实现业务处理、逻辑隔离。

（5）支持市场上主流浏览器的访问操作。

2. 技术路线特点

（1）透明化的远程方法调用。就像调用本地方法一样调用远程方法，只需简单配置，没有任何 API 侵入。

（2）硬件负载均衡及容错机制。可在内网替代 F5 等硬件负载均衡器，降低成本，减少单点。

（3）服务自动注册与发现。不再需要写服务提供方地址，注册中心基于接口名查询服务提供者的 IP 地址，并且能够平滑添加或删除服务提供者。Dubbo 采用全 Spring 配置方式，透明化接入应用，对应用没有任何 API 侵入，只需用 Spring 加载 Dubbo 的配置即可，Dubbo 基于 Spring 的 Schema 扩展进行加载。

3. 系统介绍

依据广东省数字化计价依据动态设计理念——"质量、效率、方便"，经过长达一年时间的业务分析及开发工作，最终实现了"广东省建设工程造价纠纷在线处理系统"的上线。系统主要分为"建设工程造价纠纷处理模块"和"计价依据管理模块"两个模块。本章节内容将从系统简介、使用范围、主要角色和用例、整体架构设计、主要功能等方面进行系统的整体介绍及阐述。

（1）系统简介

广东省建设工程造价纠纷在线处理系统已在广东造价信息网（http://www.gdcost.com/）上线，在"造价应用"功能板块中找到"建设工程造价纠纷处理"和"计价依据管理"入口。广东省建设工程造价纠纷在线处理系统是免费向广东省建设项目各参与方开放的。本系统的推出旨在将传统的通过来电、来函、来访等方式申请处理工程计价中存在的争议问题的业务工作转移至互联网上，使工程造价纠纷处理工作留痕留迹、存档建库，充分体现工程造价管理机构高质高效和阳光透明的服务。

① 广东省行政区域内合同双方在工程计价中存在争议的人员注册系统账号，其中一方在系统中填写纠纷的内容，上传相关的合同及纠纷相关的资料，确保内容资料无误后提交纠纷申请。

② 系统自动分析纠纷案件的争议专业、争议类型等相关情况后，自动分配给系统中的符合度高的专家人员进行经办、审核、复核。其中，经办专家负责审核资料、要求纠纷相关方补充资料、出具初步的意见，两名审核专家审核经办专家提交的资料和意见，给出修改或补充资料建议提交给经办专家或复核专家，复核专家根据经办专家及审核专家的意见出具最终复函稿提交给省站。

③ 广东省建设工程标准定额站根据复核专家的最终复函稿出具正式的盖章复函，短信通知纠纷相关方登录系统查看和下载复函。

④ 纠纷相关方可以在系统中的"学习园地"查看类似案件，了解相似案件。

计价依据管理系统是将现有计价依据在线化、便民化，是一个集查阅、咨询应用、反馈问题、编制计价依据、发布于一体的综合化系统，使计价依据数据来源更真实、数据种类更丰富、数据积累更快速，充分体现市场决定价格的作用。

① 查阅定额内容。用户可以按专业及章节浏览定额子目，输入关键字或编码可以快

速检索定额子目，可以查看子目工作内容及明细数据，还可以对定额子目设置和消耗量进行评价，以便省站及时将反馈意见较多的子目重新测算修正。

② 咨询定额应用。在使用过程中如果对定额存在疑问，可以填写并上传相关资料，由省站定期统一解答。

③ 反馈定额存在问题。当存在定额含量数据与实际有差距或建议补充新定额时，可以上传反馈内容以及相关支持证明资料，由省站联系、邀请相关专家一起完善定额。

（2）使用范围

广东省行政区域内合同双方在工程计价中存在争议且需要工程造价管理机构出具函件予以明确的事项，均可通过系统申请受理。同时计价依据模块内置了广东省建设工程标准定额站自 2010 年及以来官方发布的各专业定额，系统既满足纠纷调解的参考需求，也满足需要查询广东定额、咨询广东定额的全国造价从业人员的使用需求。计价依据包括：《广东省建筑与装饰工程综合定额 2010》《广东省安装工程综合定额 2010》《广东省市政工程综合定额 2010》《广东省园林绿化工程综合定额 2010》《广东省房屋建筑和市政修缮工程综合定额 2012》《广东省装配式建筑工程综合定额 2017》《广东省城市环境卫生作业预算定额 2009》《广东省城市环境卫生作业综合定额 2013》《广东省房屋建筑工程概算定额 2014》《广东省建筑节能综合定额 2014（安装分册）》《广东省城市轨道工程综合定额 2018》《广东省房屋建筑与装饰工程综合定额 2018》《广东省通用安装工程综合定额 2018》《广东省市政工程综合定额 2018》《广东省园林绿化工程综合定额 2018》《广东省南粤古驿道保护与修复工程费用计价指引 2018》《广东省传统建筑保护修复工程综合定额 2018》《广东省城市地下综合管廊工程综合定额 2018》。

（3）系统主要角色和用例

系统主要角色和用例见表 10-1。

系统主要角色和用例

表 10-1

角色名称	建设工程造价纠纷处理系统用例描述	计价依据管理模块用例描述
系统管理员	1. 用户权限管理； 2. 数据库维护； 3. 系统参数维护； 4. 处理专家更换； 5. 驳回纠纷申请、驳回专家意见； 6. 复函发布； 7. 专家项目加分、季度评分、年度评分； 8. 其他	1. 用户权限管理； 2. 数据库维护； 3. 系统参数维护； 4. 定额咨询任务回复； 5. 定额反馈处理； 6. 定额编制任务分配、查看、发布； 7. 其他

角色名称	建设工程造价纠纷处理系统用例描述	计价依据管理模块用例描述
专家人员	经办人 1. 检查申请内容及资料是否齐全； 2. 驳回补充资料； 3. 开具纠纷回复意见。 审核人 1. 检查申请内容及资料是否齐全、要求经办人补充资料； 2. 审查经办人意见是否合理、驳回经办人修改； 3. 提交审核意见。 复核人 1. 检查申请内容及资料是否齐全，要求经办人补充资料； 2. 审查经办人及审核人意见； 3. 提交复核意见到省站	1. 定额查询； 2. 定额咨询回复； 3. 定额编制； 4. 其他
普通用户	1. 提交纠纷申请； 2. 相关案例查询学习； 3. 查看与自己相关的案件内容、资料、复函； 4. 定额查询； 5. 定额问题咨询； 6. 定额反馈； 7. 其他	
系统开发人员	1. 提供需求修改，系统优化； 2. 提供数据服务及数据库更新； 3. 提供其他系统维护内容	

（4）系统整体架构设计

1. 系统应用页面设计

纠纷处理模块根据使用者的定位及主要使用功能而不同，系统应用界面设计将本系统设置为四个主要界面，分别为"纠纷申请人页面"（图 10-1）、"经办人及审核人页面"（图 10-2）、"复核人页面"（图 10-3）、"后台管理页面"（图 10-4）。

计价依据管理模块应用界面设计将本系统设置为三个主要界面，分别为"公众门户页面"（图 10-5）、"专业人员工作台页面""管理后台页面"。

2. 系统架构设计

整体应用系统架构设计分为五个基础层级，通过有效的层级结构的划分，可以全面展现整体应用系统的设计思路，如图 10-6 所示。

图 10-1　纠纷申请人页面图

图 10-2　经办人及审核人页面图

图 10-3　复核人页面图

图 10-4　后台管理页面图

图 10-5　公众门户页面图

（1）基础层

基础层建设是项目搭建的基础保障，具体内容包含网络系统的建设、服务器建设、系统环境搭设等，通过全面的基础设置的搭建，为整体应用系统的全面建设打下良好的基础。

（2）数据层

数据层是整体项目的数据资源的保障，本次项目建设要求实现广东省建设工程造价纠纷在线处理系统的搭建，同时实现与动态计价依据管理模块用户、专家的共享，所以对于数据层的有效设计规划对本次项目的建设有着非常重要的作用。

对于本次系统建设，要保证系统顺利上线，实现造价纠纷处理业务和计价依据动态管理业务的闭环，从整体结构上划分，将本次项目建设数据资源分为基础的结构型资源和非结构型资源，对于非结构型资源，将通过基础内容管理平台进行有效的维护管理，从而供用户有效的查询浏览；对于结构型资源，进行了有效的分类，具体包括用户库、专家库、案例库、基础库、任务库、定额库、人材机库及价格库。通过对资源库的有效分类，建立完善的元数据管理规范，从而更加合理有效地实现资源的共享及调用机制。

（3）应用支撑层

应用支撑层是整体应用系统建设的基础保障，通过对业务的研究，实现相关引用组件（包括工作流、数据分析、消息队列、视图组件、短信息通知等应用组件）进行有效的整合和管理。

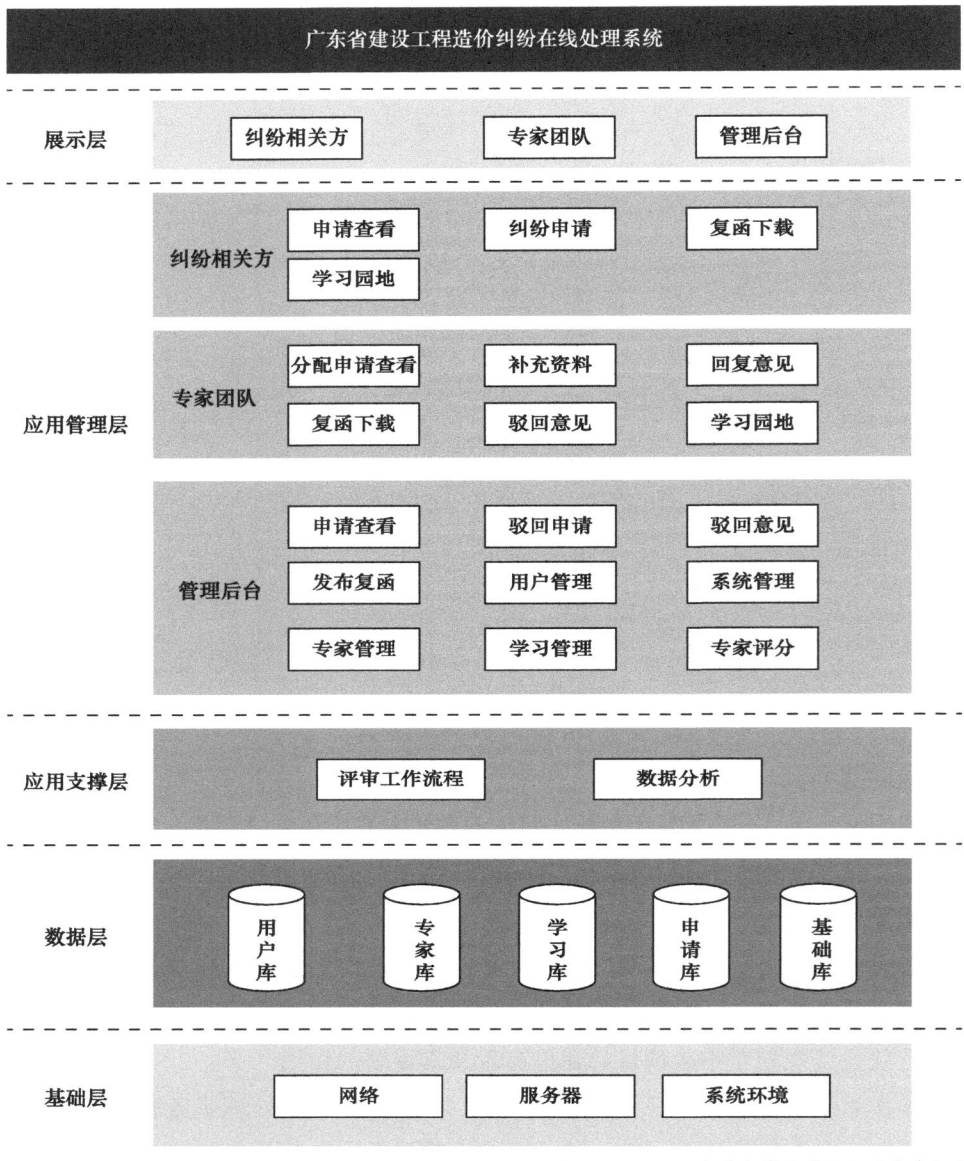

图 10-6　系统架构图

（4）应用管理层

在图 10-6 中，根据造价纠纷处理业务和计价依据管理业务不同，应用管理层反映了广东省建设工程造价纠纷在线处理系统的核心业务模块，将实际应用系统分成三个不同的用户模块，分别是纠纷相关方模块、专家团队模块、管理后台模块，不同模块用户拥有不同的系统功能。应用管理层是实际应用系统的建设层，通过应用支撑层相关整合机制的建立，将实现应用管理层相关应用系统的有效整合，通过统一化的管理体系，全面提升应用系统的管理效率，提升服务质量。

（5）展示层

整体应用功能将根据用户类型进行判断，通过同一个登录界面在后台判断不同的角色、赋予不同的应用功能进行展现，架构分别设计了纠纷相关方工作台、专家团队工作台、纠纷处理管理后台等，不同的应用人员通过登录可以实现相关系统的应用和资源的浏览查询等操作。

3. 系统流程及主要功能简介

（1）建设工程造价纠纷处理模块

工程造价纠纷参与角色主要可分为纠纷相关申请方、专家团队、管理员。平台的流程以原有纠纷处理流程为基础，使用互联网思维升级改造而成。纠纷申请人可以在线上进行纠纷申请，由专业的专家进行审核并出具意见，省站统一发函，这保留了处理过程中的意见、资料，使出具的函件有依有据，更加透明、公正。纠纷在线处理系统流程图如图10-7所示。

纠纷相关申请方工作台设计：申请方在本系统注册时上传相应的身份证明材料，由省站后台审核是否为持证人员账号。注册账号后通过账号登录纠纷相关申请方页面，在线填报好纠纷的相关信息并上传相应的资料，然后通过现有信息生成咨询函及承诺书，找到与此案件相关的公司盖章确认，然后把双方盖章后的咨询函及承诺书上传到系统相对应的案件，提交到省站处理。当省站处理完成纠纷案例后纠纷双方会收到省站复函短信的通知，再登录账号进入系统查看并下载复函。在申请纠纷处理案件之前也可以查看现有的纠纷案例进行对比，参照相似的案件处理方式进行处理。

专家团队工作台设计：当系统自动分配纠纷给专家后，系统会以短信通知及省站工作人员线下通知两种方式同时通知专家处理案件，经办专家在接到纠纷案件的通知后，登录系统查看案件的描述信息、资料等，发现资料不全可以通知申请相关方补充缺少的资料，在确认资料和信息完整后开具回复意见，然后提交给两位审核人员进行审核。两位审核人员在接到处理纠纷案件的通知后，查看案件的信息及下载案件资料，结合经办人的回复审核意见或要求补充资料，两位审核人中任何一人要求补充资料，则案件流程会返回到经办人，经办人进行资料的补充或回复意见的修改。在两位审核人无补充资料的情况下，则提交到复核人进行审核。复核人在收到处理纠纷案件的通知后，查看案件信息和资料，结合经办人、审核人的意见开具复函意见稿提交给省站处理，在必要的时候也可要求经办人补充相关的资料后再提交到省站复函。

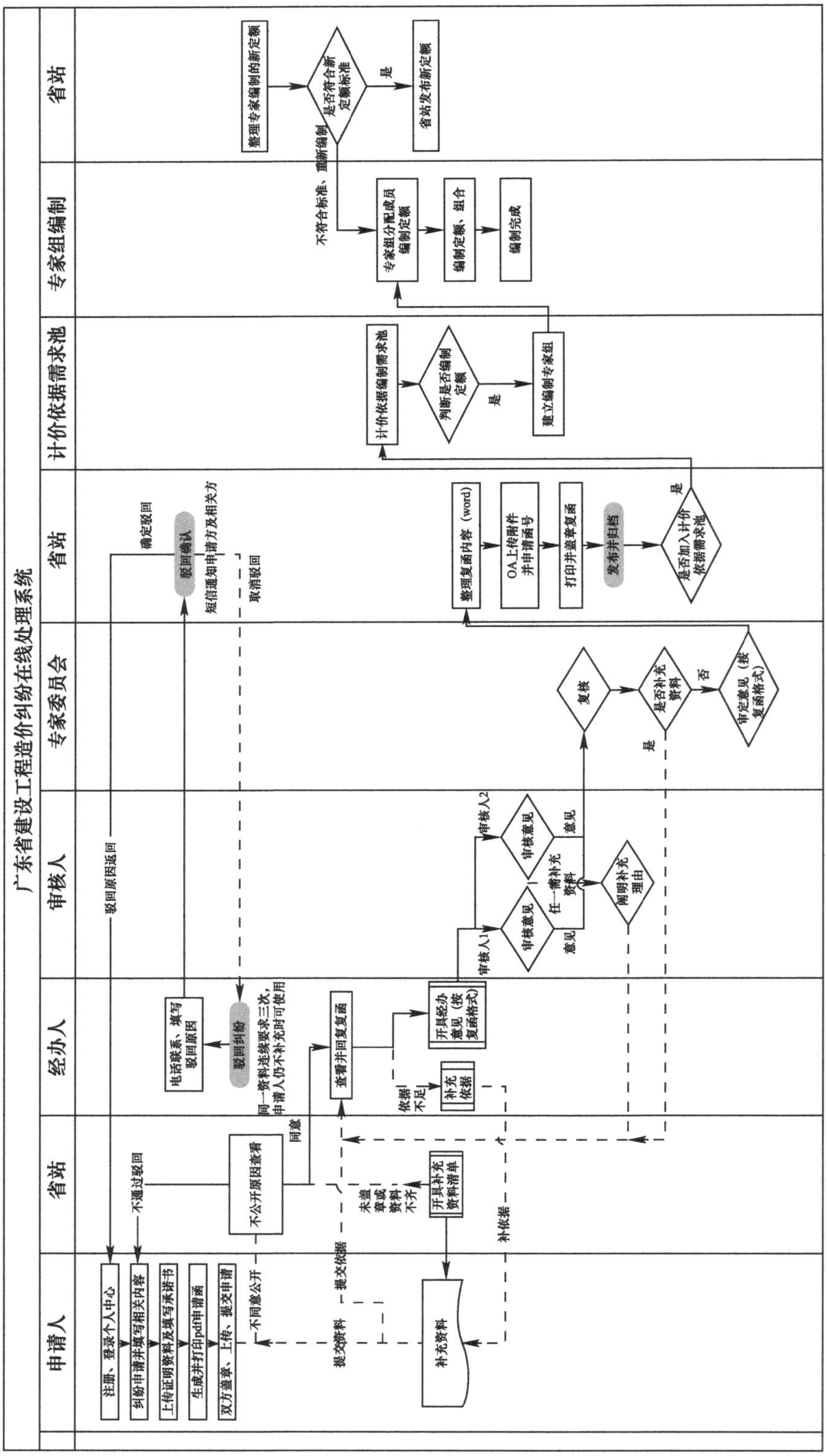

图10-7　纠纷在线处理系统流程图

后台管理平台设计：平台后台管理功能主要有项目审核、项目管理、学习园地、数据分析、系统管理 5 个部分。其中，项目审核主要是查看和审核所有的申请纠纷案件、纠纷案件的处理阶段，可以退回经办人处理、驳回纠纷案件申请、发布正式复函等。项目管理主要的功能是可以更换处理案件的专家、查看完成纠纷案件申请人的评分等；学习园地主要是将完成的案例上传到其中，给申请人、专家等学习参考，也可以上传纠纷文件、管理纠纷文件库；数据分析主要是根据地区、专业、计价模式等条件查看、统计纠纷案件的纠纷金额；系统管理分为 4 个小模块：业务专家审核，主要为管理专家团队，审核专家资质；省站人员管理，主要为管理省站后台团队的账号及权限；考核评分，主要为管理专家在日常处理纠纷案件时的加分减分处理；日志管理，主要为记录系统运行产生的数据。

（2）计价依据管理模块

计价依据管理模块参与角色主要可分为定额使用者、专家（定额编制人员）、管理员（图 10-8）。平台的流程以原有定额编制流程为基础，使用互联网思维升级改造而成。定额使用者通过查阅定额，及时反馈意见至平台。管理员对反馈意见进行筛选、审核、分析，将有价值的反馈意见纳入工料机、定额子目编制需求池后将编制任务分配给相关定额编制人员。专家（定额编制人员）依据任务要求和时限编制定额，形成新定额或工料机并反馈给管理员，最终由管理员征求社会意见后发布。这样通过合理分工配置，将从业人员汇聚起来，对已经使用的定额的工料机或整体水平进行评价，可以将有价值的资料及时上传给造价管理部门，也可以将个人实践经验进行有效的展示。同样，造价管理部门不再为缺乏有水平的编制人员而发愁，不再滞后收集市场信息，不再担忧掌握的数据量少且不准确，不再无目标地跟踪定额应用，整个业务队伍都将活跃起来，并且成长起来。

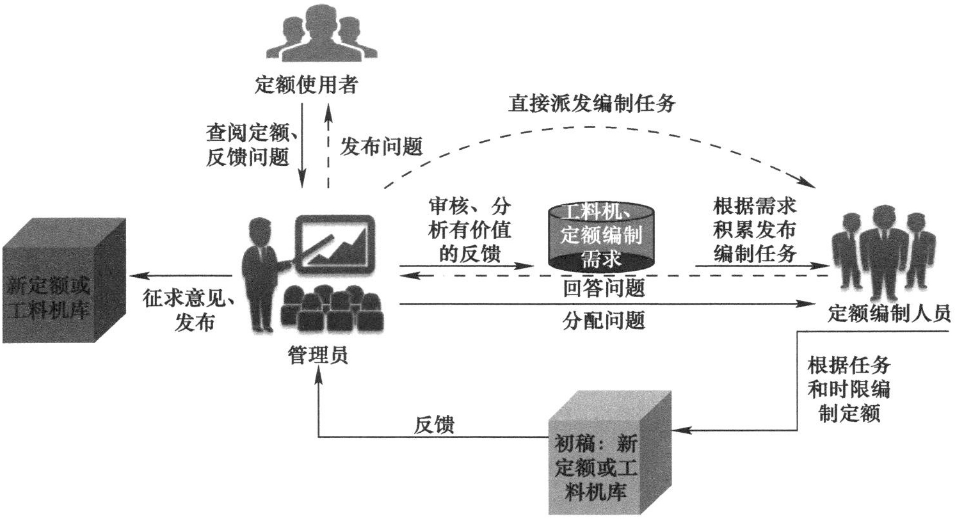

图 10-8　计价依据管理模块流程图

（1）计价依据使用者功能模块设计

计价依据使用者功能包括查看定额及明细、评价定额、定额使用咨询及反馈和工料机使用反馈四个方面。使用者注册登录后可按专业及章节进行浏览，也可直接输入关键字搜索，查询结束后可对此次查询的结果进行定额评价和反馈，反馈包含定额和材料设备，反馈意见可上传相关证明材料，以增加反馈的有效性。定额使用反馈包括问题咨询查看及处理、使用反馈查看及处理、需求池以及定额评价的使用反馈信息等，信息涉及面广、体量大，更好地反映了定额信息的价值。工料机使用反馈包括对定额子目组成的工料机配置及其消耗量进行评价和反馈，促进其更贴近市场实际。另外，定额使用者申请加入专业技术人员库后，可参与定额修编、定额问题咨询解答等工作，为其搭建施展才能的平台。

（2）后台管理功能模块设计

平台后台管理功能主要包括定额编制人员管理、工料机库管理（包含信息价发布）、定额编制任务管理和定额发布管理四个部分。其中，定额编制人员管理是指对编制人员的资格审核；工料机库管理包含工料机数据的管理、工料机使用反馈查看、待发布材料设备以及工料机的发布等；定额编制任务管理是指管理员针对新技术、新工艺应用、定额反馈的积累，拟定定额编制任务并对任务进行分配；定额发布管理是指管理员对已提交的定额进行审核，审核后定稿或征求意见。

（3）专家（定额编制人员）功能模块设计

专家（定额编制人员）功能主要包括两个部分：完成定额编制任务和定额咨询答疑。专业技术人员注册后，由造价管理部门按照申请人员相关工作经历、业绩等进行考核，考核通过后成为定额编制人员；新技术新工艺推出、定额反馈的积累后，由管理员制定编制任务，并组建编制人员修编定额。定额使用者反馈问题后，管理员依据问题类型等可分配问题给定额编制人员进行答疑。

4. 技术成果及系统性能

系统基于 B/S 架构，将专家的处理进度、处理复函、处理流程都以可视化的形式展示到线上，方便省站平台查看，同时在处理过程中能够避免见面处理，可以各自客观地给出自己的意见。申请人可以随时在线上查看纠纷处理的进度，也可以直接在线上进行资料的提交，减少线下提交资料花费的时间。

系统性能优势如下：

（1）浏览器加载页面不超过 1s，数据库访问速度不超过 1ms。

（2）具有良好的可扩充性，支持垂直扩充和水平扩充。

（3）自动对系统可用资源进行调整和分配，使之具有 99.999％的可靠性。

（4）具有完善、完整的用户行为分析数据。

（5）系统采用多层架构，实现数据与程序的分离，以保证数据的完整性、有效性和一致性。

（6）支持中文处理，提供中文可操作界面和中文帮助文档。

（7）支持数据库的动态扩展，以减少 IO 瓶颈，提高整体效率。

（8）多个服务器提供数据处理，避免一个服务器宕机、业务无法运行的情况。

5. 系统更新迭代记录

在两个系统上线使用过程中，系统运营维护人员根据使用场景对系统的功能进行更新迭代，主要在以下方面完成优化。

（1）建设工程造价纠纷处理模块优化建议

① 咨询函填写的资料中增加一项——涉及争议项目造价；

② 专家学习库中存档的争议命名应以复函的抬头为准；

③ 在申请人提交咨询函后，增加一个步骤——省站管理平台资料预审环节，预审资料通过后再由系统自动分配给经办专家；

④ 增加省站管理平台功能——在咨询函列表中呈现经办人、审核人、专家委员会的姓名（省站管理后台与申请方将看到相同内容）；

⑤ 按状态时不显示专家的姓名，将对专家个人信息保密；

⑥ 咨询函增加一个可以打印下载的功能（可以看到经办人、审核人、专家委员会的回复）；

⑦ 系统自动分配专家原则：系统分配给经办人，并发短信通知；等经办人提交回复意见，再分配选定两位审核人，并发短信通知；两位审核人（以后者）审核提交后，再分配选定委员会专家，并发短信通知（不要一次性选定所有经办专家）；

⑧ 增加系统申请人上传的内存；

⑨ 专家回复意见设置专门格式；

⑩ 对申请方发送纠纷短信通知；

⑪ 更换经办专家时应进行短信通知；

⑫ 补充资料历史，经办专家反馈填完补充资料清单，申请人上传完成之后看不到原来要求的补充历史。需与省站管理平台一致，可以看到补充资料历史。补充资料清单，申请人上传文件应可以文字描述加上传附件。申请人对专家提出的问题应逐条回复，才能提交；

⑬ 增加每个争议点涉及的金额，及工程项目争议的总金额，为必填选项。但增加的金额栏仅省站管理平台可见，且有统计和导出 Excel 功能；

⑭ 专业划分按下列（专家申请擅长的专业，改为申请处理纠纷专业）。需要导出一份

专家的原申请专业给我们，增加省站管理平台可以更改专家的专业功能。

⑮ 经办时限更改：省站预审 1 个工作日、经办人 4 个工作日、审核人 4 个工作日、复函 4 个工作日、省站出函 2 个工作日、总时限 15 个工作日。

（2）建设工程计价依据管理模块

管理员后台根据使用频率将原"工料机反馈分析"展示界面替换为使用频率较高的"计价依据咨询分析"展示界面，方便系统运营人员进行数据检视及分析。

计价依据编制模块为了更好地保障在线编制系统，在固化流程的基础上，新增"关键字查询专家"的功能，增加编制组选择的便捷性，同时增加"短信提醒"功能，提高编制组成员的响应性。

计价依据咨询模块新增"问题库"功能，如图 10-9 所示，计价依据查询人员在提问的同时，下方可推送类似问题，方便从业人员进行计价依据共性问题的学习。

图 10-9　计价依据管理模块公众门户问题库界面

系统具体操作手册详见广东造价信息网中的《广东省建设工程计价依据动态管理平台用户操作指南》和《广东省建设工程造价纠纷处理系统操作指南》。

6. 系统运行组织保障措施

为了保障计价依据动态管理系统的顺利运行，广东省建设工程标准定额站从组织流程搭建、体系完善、机制制定等多方面着手，搭建了完善的实施保障措施。

（1）内部运营组织架构

系统领导小组主要由广东省建设工程标准定额站黄守新站长、卢立明副站长、广东省工程造价协会许锡雁秘书长三人组成，主要负责对项目搭建方向及业务模式进行指导，同时组织协调各成员单位进行课题研究等各项工作。

运营小组主要保障系统日常的维护，维系和管理专家团队，确保计价依据的咨询、反馈及后续闭环业务可顺利推演，确保系统的各大业务模块可正常运转。

（2）专家管理

专家是系统运行的核心资源之一，专家管理不仅是必备环节，更是系统对外树立品质的重要环节。做好专家管理工作，与计价依据咨询水平、反馈结果的公信力提升密切相关。

① 专家培训。自系统试运行以来，广东省建设工程标准定额站组织了多场专家培训会议，大致可分为三类的培训，分别为系统认知类培训、系统答疑类培训、能力提升类培训，从程度上不断进阶，不断提升专家的对外输出服务水准。

② 专家管理制度。为了充分调动省站"双平台"专家库中专家的积极性，保持专家良好的工作状态及专家库的生态健康，特制定了相应的专家管理制度，对专家的行为进行了严格的要求，也提出了优胜劣汰的要求。制定专家管理制度的最初目的，就是要找到一群愿意为广东省造价行业付出，有热忱、有专业能力、有奉献精神的专家团队。

③ 专家维护方式。目前运营小组的专家维护方式主要通过系统分配、微信群维护等线上方式进行日常的任务分配和结果文件收集，而关键环节的评审、结果确定、学习讨论等类型的工作则主要通过线下会议的方式进行。

三、改革成效

1. 转化程度

使用已有交易数据对计价依据水平进行指导。可通过与交易中心等相关部门进行合作，对实际工程数据进行采集分析，持续监测分析子目设置、工料机设置、工料机消耗量、材料价格，实现每半年对补充子目、子目设置、子目工料机、工料机消耗量进行一次全面自动分析，作为补充和调整的审查依据。将典型工程的中标价格计价依据水平与发布计价依据水平进行比对，若存在较大计价依据水平偏差，则说明发布计价依据水平存在一定的"水分"，可以进一步形成适用的工程造价动态指数指标，鼓励行业采用真实价格和企业计价依据进行报价，实现"企业自主报价、竞争形成价格"的新局面，提高计价依据对市场的指导作用。

2. 应用范围

将平台打造开放成为企业计价依据编制平台。由于计价依据动态管理模块具备强大的基础数据库，如计价依据库、工料机库、价格库，且可对其进行灵活管理，所以企业可依据自身的技术、管理水平形成企业内部的计价依据库，从而在投标过程中快速读取和调用。而作为行业管理者而言，公开此类平台，服务于行业，邀请更多的企业加入平台，使其成为一种良性的共享生态，则可进一步完成行业大数据的建设，从而获得更加真实的市场化数据，反哺于行业，与行业共同进步。

3. 行业影响

广东省建设工程标准定额站的广东省建设工程造价纠纷在线处理系统作为数字造价践行项目及工程造价管理工作转型的典型项目之一，在全国范围的造价管理部门有着较大的影响。系统运行至今，承载着项目组对于造价管理工作"放管服"的落地实践探索，勿忘为广东造价人员服务的初心，为提升造价水平作出自己的贡献。

4. 缩短周期

通过互联网＋造价纠纷管理＋计价依据管理平台的建立，广东省建设行业人员可在平台共享信息或数据，对于广东省建设工程造价纠纷在线处理系统应用问题进行学习，可随时提出申请或提供相关建议，使全行业人员参与造价改革工作中来，同时享受造价改革工作带来的便利。互联网的运用减少了流程等待时间，突破了时空和地域的限制，改变了传统服务模式的落后状况。

5. 提升造价管理部门的服务能力

由于通过平台将数据信息实现一体化，市场信息得到及时反馈，造价管理部门可依据信息的反馈及时进行调查研究，组织相关专家进行研判，及时发布复函文件或具有预警预判性质的指导性文件，提高服务能力，体现其对市场科学合理的引导。

6. 拓宽专家覆盖面

平台投入使用后，行业人员不分彼此共同参与。通过一段时间观察后，便可发掘和储备精通相关业务，有实践、会思考、懂编制的专业人才，解决了传统业务中专家来源渠道单一的问题。

7. 提高业务能力

专家依据相关案例、案件信息，对标历史处理结果，以及其他海量数据资料供其学习、调研、参考，提升纠纷处理及计价依据编制能力。通过多级复核的管控流程保证了发布成果的质量。

8. 提高数据质量

平台数据采集面广，数据真实、有代表性、来源可追溯，实时的数据信息反馈有助于及时作出调整，使数据信息能够更加贴近市场，因此无论是数据还是案件的处理结果也更加科学有效。

平台的建立将逐步解决传统造价纠纷管理和计价依据管理存在的问题，逐步凸显定额的科学性、稳定性、时效性、指导性，是响应"放管服"政策，营造公平、公正、公开的营商环境，促进建筑行业工程造价业务健康可持续发展，以信息化手段提供社会服务的充分体现。

四、几点启示

截至 2021 年 11 月 11 日，广东省建设工程造价纠纷在线处理系统和广东省建设工程定额动态管理系统平台注册人数已达 13341 人，占一线造价管理人员的 70％左右。现系统平台中拥有各专业造价纠纷处理专家 101 位，系统累计接收纠纷案例 343 条；累计处理有效纠纷案例 272 条；官网累计发布复函 115 条，计价依据咨询问题 4230 条。省站通过门户网站对外发布 26 期问题解答、12 期定额动态调整，累计回答定额咨询问题 3295 条。

1. 服务创新

系统以"互联网＋纠纷处理＋计价依据动态管理"理念，在原有传统定额解释模式上进行创新，将纠纷处理业务和计价依据动态管理业务转移至线上，不仅突破了地域与时间的限制，实现了全省资源共享，省市平台的互联互通，而且也实现了一个账号可进行多项业务办理，使群众办事更加方便；多职能专家也可以通过一个窗口参与多项业务，提升了工作效率，使造价纠纷处理结果更加专业准确，同时也使得计价依据通过动态更新更加体现当下社会生产力的水平。

2. 管理创新

造价专业人员是造价市场主体，而造价专家人员又是造价市场主体中的一支重要力量。省站通过社会公开招聘和择优选择，甄选一批优秀的造价专家队伍，以新的流程、新架构培养市场主体，激发专家人员活力，赋予专家团队相应权力，充分发挥各级人员的能动性和创造力。通过省站统筹，各地市造价站或造价服务中心配合完善，专家团队群策群力，做到了资源共享、业务聚焦，在有效提升造价管理部门的领导的同时，也能拓宽专家的覆盖面。

纠纷处理通过线上申请、线下认证的方式，不仅能确保数据与资料的一致性和完整性，还能避免相关方因语言及情感表达能力的不足导致一定程度上对专家处理判断的影响。新的流程最大限度地避免了面对面因素的影响，实现了阳光化，保障了公平公正。

对于计价依据管理模块，定额使用者通过查阅定额，可及时反馈问题至平台。管理员对反馈意见进行筛选、审核、分析，将有价值的反馈意见纳入工料机、定额子目编制需求池后，将编制任务分配给相关定额编制人员。定额编制人员依据任务要求和时限编制定额，形成新定额或工料机反馈给管理员，最终由管理员征求社会意见后发布。这样把从业人员都汇聚起来，可以参与对已经使用的定额的工料机或整体水平进行评价，并将有价值的资料及时上传给造价管理部门，从而实现个人实践经验有效的展示。

3. 技术创新

系统使用区块链技术保障所有数据存储处理的有效性，具有不可伪造、全程留痕、可以追溯、公开透明等特点。在项目纠纷处理过程中充分地利用区块链技术的特性，对数据的每一步处理进行加密、保存留痕，在确保数据安全、有效性的同时，消除相关方、专家、省站之间的信息传递和共享壁垒。由省站及地市造价站构成的联盟链能充分发挥各级组织的价值和作用，既能维护省站掌握的计价依据解释权，又能充分发挥地市造价站服务下沉市场，维护数据真实准确的作用。

本项目建设突破性进展是将信息的传递通过链式连接起来，通过共有链查看到系统处理的过程、内容、结果；实现纠纷处理及问题咨询在系统中可以快速地分配专家、出函、复函、查看资料等；计价依据数据采集会更真实、更具代表性；做到原始数据、修改建议、审核发布全程追溯，提升了数据质量。

下一步将着力推动数字造价管理，职能优化升级，丰富服务业务模块，一网通办，形成造价行业大数据，未来在数字造价平台上接入，实现全过程服务，且通过对人员行为数据的采集，成果文件监管，完成人员评价体系的搭建，形成共建、共治、共享的行业治理格局。通过数据反馈群众真实呼声，从而反馈至现行标准、规范等修订编制工作，取之于民、造福于民。

广东省住房和城乡建设厅关于公布广东省工程造价改革第一批试点项目的通知

广东省住房和城乡建设厅

粤建标函【2021】659 号

广东省住房和城乡建设厅关于公布广东省工程造价改革第一批试点项目的通知

各地级以上市住房城乡建设主管部门：

按照《广东省住房和城乡建设厅关于印发广东省工程造价改革试点工作实施方案的通知》（粤建市函〔2021〕502 号）的工作部署，经工程项目建设单位自主申报、市住房城乡建设主管部门推荐，我厅审核确定广东省中医院中医药传承创新工程等 28 个项目为广东省工程造价改革第一批试点项目名单附后，现予以公布。

请各试点项目所在地市、县（区）住房城乡建设主管部门以及试点项目建设单位高度重视此项工作，各级住房城乡建设主管部门要加强指导，帮助试点项目建设单位进一步完善试点工作方案并扎实推进工作，确保试点项目取得成功经验。

附件：广东省工程造价改革第一批试点项目名单

广东省住房和城乡建设厅

2021 年 9 月 14 日

附件　广东省工程造价改革第一批试点项目名单

序号	项目名称	项目所有地市	建设单位	改革内容
1	广东省中医院中医药传承创新工程	广州	广东省代建项目管理局	1. 编制投资控制分解书； 2. 实施限额设计； 3. 改革概算编制方法； 4. 改革最高投标限价的编制方法； 5. 探索清标的相关规则； 6. 探索回标的相关规则； 7. 探索市场询价的相关规则； 8. 探索评判报价合理性的相关规则； 9. 完善施工合同条款； 10. 完善施工过程结算相关规则； 11. 实施合同动态管理； 12. 探索造价管理绩效评价方法； 13. 探索造价指标分析与整理的方法； 14. 实施全过程造价管理（咨询）； 15. 探索建立工程造价咨询企业信用与执业人员信用挂钩制度； 16. 推行工程造价咨询成果质量终身责任制； 17. 推广职业保险制度； 18. 改进工程量清单计量计价规则，试点市场化投标报价； 19. 探索工程项目投资目标动态管控模式
2	广州医科大学新造校区二期工程 A3＃博士生宿舍	广州	广州市重点公共建设项目管理中心	1. 实施限额设计； 2. 改革最高投标限价的编制方法； 3. 探索清标的相关规则； 4. 探索市场询价的相关规则； 5. 完善施工合同条款； 6. 探索造价指标分析与整理的方法
3	广州南站 BA0401009、BA0401017 地块项目	广州	广州越秀华城房地产开发有限公司	1. 实施限额设计； 2. 改革最高投标限价的编制方法； 3. 探索清标的相关规则； 4. 探索市场询价的相关规则； 5. 完善施工合同条款
4	中国医学科学院阜外医院深圳医院（深圳市孙逸仙心血管医院）二期项目施工总承包工程	深圳	深圳市建筑工务署	1. 改革最高投标限价的编制方法； 2. 探索造价指标分析与整理的方法； 3. 改进工程量清单计价规则，推行多层级工程量清单
5	深圳市创新创业无障碍服务中心项目施工总承包工程	深圳	深圳市建筑工务署	1. 改革最高投标限价的编制方法； 2. 探索造价指标分析与整理的方法； 3. 改进工程量清单计价规则，推行多层级工程量清单
6	深圳市公安局行动技术支队机场工作据点项目施工总承包工程	深圳	深圳市建筑工务署	1. 改革最高投标限价的编制方法； 2. 探索造价指标分析与整理的方法； 3. 改进工程量清单计价规则，推行多层级工程量清单

序号	项目名称	项目所有地市	建设单位	改革内容
7	深圳市大鹏新区人民医院项目精装修工程	深圳	深圳市建筑工务署	1. 改革最高投标限价的编制方法; 2. 探索造价指标分析与整理的方法; 3. 改进工程量清单计价规则, 推行多层级工程量清单
8	香港中文大学（深圳）二期建设工程 FG 书院装饰装修工程	深圳	深圳市建筑工务署	1. 改革最高投标限价的编制方法; 2. 探索造价指标分析与整理的方法; 3. 改进工程量清单计价规则, 推行多层级工程量清单
9	国深博物馆（暂用名）土石方、基坑及桩基工程	深圳	深圳市前海管理局	1. 改革最高投标限价的编制方法; 2. 探索造价指标分析与整理的方法; 3. 改进工程量清单计价规则, 推行多层级工程量清单
10	松溪家园（人才住房和保障性住房）二期总包二标段	深圳	深圳市地铁集团有限公司	1. 改革最高投标限价的编制方法; 2. 探索造价指标分析与整理的方法; 3. 改进工程量清单计价规则, 推行多层级工程量清单
11	松溪家园（人才住房和保障性住房）二期土石方、基坑支护及桩基础工程	深圳	深圳市地铁集团有限公司	1. 改革最高投标限价的编制方法; 2. 探索造价指标分析与整理的方法; 3. 改进工程量清单计价规则, 推行多层级工程量清单
12	深铁珑境二期（人才房）施工总承包工程	深圳	深圳市地铁集团有限公司	1. 改革最高投标限价的编制方法; 2. 探索造价指标分析与整理的方法; 3. 改进工程量清单计价规则, 推行多层级工程量清单
13	坪山区光祖中学	深圳	华润置地城市运营管理（深圳）有限公司	1. 改革最高投标限价的编制方法; 2. 探索造价指标分析与整理的方法; 3. 改进工程量清单计价规则, 推行多层级工程量清单
14	龙华赤岭头二项目施工总承包工程	深圳	卓越置业集团深圳公司（深圳卓越锦诚城市更新有限公司）	1. 改革最高投标限价的编制方法; 2. 探索造价指标分析与整理的方法; 3. 改进工程量清单计价规则, 推行多层级工程量清单
15	珠海市田家炳中学改扩建工程（二期）	珠海	珠海市政府投资项目建设管理中心	1. 探索评判报价合理性的相关规则; 2. 完善施工过程结算相关规则; 3. 探索造价管理绩效评价方法; 4. 探索造价指标分析与整理的方法; 5. 探索建立工程造价咨询企业信用与执业人员信用挂钩制度; 6. 推广职业保险制度
16	未来城市花园三期	珠海	珠海华曜房产开发有限公司	1. 编制投资控制分解书; 2. 实施限额设计; 3. 制定设计与计价相适应的方法; 4. 改革最高投标限价的编制方法; 5. 探索市场询价的相关规则; 6. 完善施工过程结算相关规则; 7. 探索造价指标分析与整理的方法。 8. 实施全过程造价管理（咨询）

序号	项目名称	项目所有地市	建设单位	改革内容
17	岭南锦苑	佛山	佛山市弘海房地产开发有限公司	1. 实施限额设计； 2. 改革概算编制方法； 3. 改革最高投标限价的编制方法； 4. 探索市场询价的相关规则； 5. 完善施工合同条款； 6. 完善施工过程结算相关规则； 7. 实施合同动态管理； 8. 实施全过程造价管理（咨询）
18	旭辉东平家园	佛山	佛山市卓泾房地产有限公司	1. 改革最高投标限价的编制方法； 2. 完善施工合同条款； 3. 完善施工过程结算相关规则； 4. 实施合同动态管理
19	正荣季华兰庭	佛山	正乾（佛山）置业发展有限公司	1. 改革最高投标限价的编制方法； 2. 完善施工合同条款； 3. 完善施工过程结算相关规则； 4. 实施合同动态管理
20	北滘人才小镇项目三期	佛山	佛山市顺德区聚才房地产开发有限公司	1. 改革最高投标限价的编制方法； 2. 完善施工合同条款； 3. 完善施工过程结算相关规则； 4. 实施合同动态管理； 5. 实施全过程造价管理（咨询）
21	璞玑府（B地块）	佛山	佛山市南海区万喆房地产开发有限公司	1. 改革最高投标限价的编制方法； 2. 完善施工合同条款； 3. 完善施工过程结算相关规则； 4. 实施合同动态管理
22	惠州新材料产业园起步区及粤港澳大湾区（惠州）数据产业园应急供水工程	惠州	惠州水务集团惠东水务有限公司	1. 探索市场询价的相关规则； 2. 完善施工合同条款； 3. 完善施工过程结算相关规则； 4. 实施合同动态管理； 5. 探索造价指标分析与整理的方法； 6. 实施全过程造价管理（咨询）； 7. 探索建立工程造价咨询企业信用与执业人员信用挂钩制度； 8. 推行工程造价咨询成果质量终身责任制； 9. 推广职业保险制度
23	党校南路西段及周边道路工程	惠州	惠州市鹏基投资有限公司	1. 完善施工合同条款； 2. 完善施工过程结算相关规则； 3. 实施合同动态管理； 4. 探索造价指标分析与整理的方法； 5. 实施全过程造价管理（咨询）； 6. 探索建立工程造价咨询企业信用与执业人员信用挂钩制度； 7. 推行工程造价咨询成果质量终身责任制。 8. 推广职业保险制度

序号	项目名称	项目所有地市	建设单位	改革内容
24	东莞市第六高级中学改扩建工程	东莞	东莞市城建工程管理局	完善施工过程结算相关规则
25	南城文体路工程	东莞	东莞市南城工程建设中心	完善施工过程结算相关规则
26	东莞市塘厦镇振兴围农民公寓	东莞	东莞市塘厦镇振兴围股份经济联合社	1. 改革投资估算编制方法； 2. 实施全过程造价管理（咨询）
27	青溪路（莲员西路至康华路）改造工程	中山	中山市代建项目管理办公室	1. 实施合同动态管理； 2. 探索造价指标分析与整理的方法； 3. 探索建立工程造价咨询企业信用与执业人员信用挂钩制度； 4. 推行工程造价咨询成果质量终身责任制； 5. 推广职业保险制度
28	扩建揭阳市第二实验中学一期	揭阳	空港凤美初级中学	1. 编制投资控制分解书； 2. 实施限额设计； 3. 改革概算编制方法； 4. 改革最高投标限价的编制方法； 5. 完善施工合同条款； 6. 完善施工过程结算相关规则； 7. 探索造价指标分析与整理的方法； 8. 实施全过程造价管理（咨询）； 9. 推广职业保险制度

广东省住房和城乡建设厅关于公布广东省工程造价
改革第二批试点项目名单与报送工作进展情况的通知

广东省住房和城乡建设厅

粤建标函〔2022〕142 号

广东省住房和城乡建设厅关于公布广东省工程造价改革
第二批试点项目名单与报送工作进展情况的通知

各地级以上市住房城乡建设主管部门：

　　按照《广东省住房和城乡建设厅关于印发广东省工程造价改革试点工作实施方案的通知》（粤建市函〔2021〕502 号）的工作部署，经工程项目建设单位自主申报、市住房城乡建设主管部门推荐，我厅审核确定广州市第八人民医院三期工程等 31 个项目为广东省工程造价改革第二批试点项目（详见附件 1），现予以公布。

　　请各试点项目所在地市、县（区）住房城乡建设主管部门以及试点项目建设单位和代建单位高度重视此项工作，各级住房城乡建设主管部门要加强指导，支持试点项目建设单位和代建单位进一步完善试点工作方案并扎实推进工作，确保试点项目取得成功经验。同时，为及时掌握试点改革任务进展情况，请各试点项目（包括第一批）建设单位于每季度最末月的 25 日前向我厅报送试点改革任务工作进展表（详见附件 2），并将可编辑电子文档发至 zjt＿biaodingzhangaige@gd.gov.cn。

附件：1. 广东省工程造价改革第二批试点项目名单

　　　　2. 试点项目改革任务工作进展表

广东省住房和城乡建设厅

2022 年 3 月 29 日

附件 1　广东省工程造价改革第二批试点项目名单

序号	项目名称	项目所在地市	建设单位	改革内容
1	广州市第八人民医院三期工程（第一批）教学后勤楼	广州市	广州市第八人民医院（代建单位：广州市重点公共建设项目管理中心）	1. 实施限额设计； 2. 改革最高投标限价的编制方法； 3. 探索清标的相关规则； 4. 探索市场询价的相关规则； 5. 完善施工合同条款； 6. 探索造价指标分析与整理的方法
2	前湾十单元九年一贯制学校	深圳市	深圳市前海建设投资控股集团有限公司	1. 改革投资估算编制方法； 2. 编制投资控制分解书； 3. 探索目标成本确定的相关规则； 4. 实施限额设计； 5. 改革概算编制方法； 6. 制定设计与计价相适应的方法； 7. 改革最高投标限价的编制方法； 8. 探索清标的相关规则； 9. 探索回标的相关规则； 10. 探索市场询价的相关规则； 11. 探索评判报价合理性的相关规则； 12. 完善施工合同条款； 13. 完善施工过程结算相关规则； 14. 实施合同动态管理； 15. 探索造价管理绩效评价方法； 16. 探索造价指标分析与整理的方法； 17. 实施全过程造价管理（咨询）； 18. 探索建立工程造价咨询企业信用与执业人员信用挂钩制度； 19. 推行工程造价咨询成果质量终身责任制； 20. 推广职业保险制度； 21. 改进工程量清单计价规则，推行多层级工程量清单
3	妈湾十九单元九年一贯制学校	深圳市	深圳市前海建设投资控股集团有限公司	1. 改革投资估算编制方法； 2. 编制投资控制分解书； 3. 探索目标成本确定的相关规则； 4. 实施限额设计； 5. 改革概算编制方法； 6. 制定设计与计价相适应的方法； 7. 改革最高投标限价的编制方法； 8. 探索清标的相关规则；

序号	项目名称	项目所在地市	建设单位	改革内容
3	妈湾十九单元九年一贯制学校	深圳市	深圳市前海建设投资控股集团有限公司	9. 探索回标的相关规则； 10. 探索市场询价的相关规则； 11. 探索评判报价合理性的相关规则； 12. 完善施工合同条款； 13. 完善施工过程结算相关规则； 14. 实施合同动态管理； 15. 探索造价管理绩效评价方法； 16. 探索造价指标分析与整理的方法； 17. 实施全过程造价管理（咨询）； 18. 探索建立工程造价咨询企业信用与执业人员信用挂钩制度； 19. 推行工程造价咨询成果质量终身责任制； 20. 推广职业保险制度； 21. 改进工程量清单计价规则，推行多层级工程量清单
4	开新五道市政道路工程	珠海市	珠海大横琴股份有限公司	1. 编制投资控制分解书； 2. 实施限额设计； 3. 制定设计与计价相适应的方法； 4. 改革最高投标限价的编制方法； 5. 完善施工合同条款； 6. 完善施工过程结算相关规则； 7. 探索造价管理绩效评价方法； 8. 探索造价指标分析与整理的方法； 9. 推广职业保险制度
5	广以路（学新路～牛田洋快速通道）、智兴路（学新路～牛田洋快速通道）建设项目	汕头市	汕头市住房和城乡建设局（代建单位：汕头市政府投资代建管理中心）	1. 完善施工过程结算相关规则； 2. 实施合同动态管理； 3. 探索造价管理绩效评价方法； 4. 探索造价指标分析与整理的方法； 5. 实施全过程造价管理（咨询）； 6. 探索建立工程造价咨询企业信用与执业人员信用挂钩制度； 7. 推行工程造价咨询成果质量终身责任制
6	佛山市荣山中学新建学生宿舍楼工程	佛山市	佛山市荣山中学（代建单位：佛山市禅城区代建项目中心）	1. 实施全过程工程咨询； 2. 改革现有施工图预算编制最高投标限价的方法； 3. 相应修订此类招标文件和合同范本中计价和定价条款； 4. 实施施工过程结算； 5. 加强合同履约管理，实施人工费用与其他工程款分账管理； 6. 选择工程保函替代保证金
7	佛山市顺德区勒流中学扩建工程	佛山市	佛山市顺德区勒流中学（代建单位：佛山市顺德区代建项目中心）	1. 实施限额设计； 2. 改革最高投标限价的编制方法； 3. 探索市场询价的相关规则； 4. 完善施工合同条款； 5. 完善施工过程结算相关规则； 6. 探索造价指标分析与整理的方法； 7. 实施全过程造价管理（咨询）； 8. 推广职业保险制度

序号	项目名称	项目所在地市	建设单位	改革内容
8	广珠铁路官窑货场物流园项目（一期）站前路东延线	佛山市	佛山市南海区南三投资建设有限公司	1. 实施全过程工程咨询； 2. 改革现有施工图预算编制最高投标限价的方法； 3. 相应修订此类招标文件和合同范本中计价和定价条款； 4. 实施施工过程结算； 5. 加强合同履约管理，实施人工费用与其他工程款分账管理； 6. 选择工程保函替代保证金； 7. 利用信息平台，进行材料设备询价和采购
9	佛山市高明区荷城街道第二小学新建教学楼工程	佛山市	佛山市高明区荷城街道第二小学	1. 实施全过程工程咨询； 2. 以设计概算作为最高投标限价招标，采用清单计价，编制招标清单； 3. 相应修订此类招标文件和合同范本中计价和定价条款； 4. 实施施工过程结算； 5. 加强合同履约管理，实施人工费用与其他工程款分账管理； 6. 选择工程保函替代保证金
10	和玺园 6 座、7 座	佛山市	佛山市兆裕房地产开发有限公司	1. 实施全过程工程咨询； 2. 以设计概算为最高投标限价招标，采用清单计价，编制招标清单； 3. 相应修订此类招标文件和合同范本中计价和定价条款； 4. 实施施工过程结算； 5. 加强合同履约管理，实施人工费用与其他工程款分账管理； 6. 选择工程保函替代保证金
11	韶关市武江区儿童医院建设项目	韶关市	韶关市武江区卫生健康局	1. 实施合同动态管理； 2. 探索造价管理绩效评价方法； 3. 探索造价指标分析与整理的方法； 4. 实施全过程造价管理（咨询）； 5. 探索建立工程造价咨询企业信用与执业人员信用挂钩制度
12	河源万达广场销售物业地块四	河源市	河源万达地产发展有限公司	1. 编制投资控制分解书； 2. 实施限额设计； 3. 改革最高投标限价的编制方法； 4. 探索市场询价的相关规则； 5. 探索回标的相关规则； 6. 完善施工过程结算相关规则； 7. 探索造价指标分析与整理的方法
13	客天下 A19 项目一期工程	梅州市	广东客天下旅游产业园有限公司	1. 完善施工过程结算相关规则； 2. 探索造价管理绩效评价方法； 3. 探索造价指标分析与整理的方法

序号	项目名称	项目所在地市	建设单位	改革内容
14	惠州市东江新城DJXC-06-02地块保障性租赁住房项目	惠州市	惠州市城市建设投资集团有限公司	1. 编制投资控制分解书； 2. 实施限额设计； 3. 制定设计与计价相适应的方法； 4. 改革最高投标限价的编制方法； 5. 探索市场询价的相关规则； 6. 完善施工合同条款； 7. 完善施工过程结算相关规则； 8. 实施合同动态管理； 9. 探索造价指标分析与整理的方法； 10. 推广职业保险制度
15	东莞樟洋电力扩建项目厂前区工程	东莞市	东莞深能源樟洋电力有限公司	1. 实施限额设计； 2. 改革最高投标限价的编制方法； 3. 完善施工过程结算相关规则； 4. 实施合同动态管理； 5. 探索造价管理绩效评价方法； 6. 探索造价指标分析与整理的方法； 7. 实施全过程造价管理（咨询）； 8. 探索建立工程造价咨询企业信用与执业人员信用挂钩制度
16	长江超声智能装备（广东）股份有限公司厂房宿舍	东莞市	东莞市长安镇新民股份经济联合社	实施全过程造价管理（咨询）
17	东莞水乡功能区中心启动区麻涌站单元规划二路工程	东莞市	东莞水乡特色发展经济区工程建设中心	实施全过程造价管理（咨询）
18	东城广东鸿铭智能股份有限公司总部项目	东莞市	广东鸿铭智能股份有限公司	完善施工过程结算相关规则
19	东莞市虎门镇三限房（暂名）	东莞市	东莞市东实旗云投资有限公司	1. 探索目标成本确定的相关规则； 2. 实施限额设计； 3. 改革概算编制方法； 4. 制定设计与计价相适应的方法； 5. 完善施工过程结算相关规则； 6. 实施合同动态管理； 7. 实施全过程造价管理（咨询）
20	中山108项目A2－04地块	中山市	中山旭富投资有限公司	1. 实施限额设计； 2. 改革最高投标限价的编制方法； 3. 探索清标的相关规则； 4. 完善施工过程结算相关规则； 5. 探索造价指标分析与整理的方法
21	中山万科金域国际	中山市	中山市东都房地产开发经营有限公司	1. 实施限额设计； 2. 改革最高投标限价的编制方法； 3. 完善施工过程结算相关规则； 4. 实施合同动态管理； 5. 探索造价指标分析与整理的方法

续表

序号	项目名称	项目所在地市	建设单位	改革内容
22	江门市第一中学景贤学校寄宿制建设工程	江门	江门市第一中学景贤学校（代建单位：江门市交通投资有限公司）	1. 实施限额设计； 2. 改革最高投标限价的编制方法； 3. 探索市场询价的相关规则； 4. 完善施工合同条款； 5. 完善施工过程结算相关规则； 6. 探索造价指标分析与整理的方法； 7. 推广职业保险制度
23	阳江保利中央公馆项目	阳江市	阳江保华置业有限公司	1. 完善施工过程结算相关规则； 2. 探索造价指标分析与整理的方法
24	湛江综合保税区基础设施建设项目（二期）	湛江市	湛江市商务局（代建单位：湛江市代建项目管理中心）	1. 实施限额设计； 2. 探索市场询价的相关规则； 3. 完善施工过程结算相关规则； 4. 实施合同动态管理； 5. 探索造价指标分析与整理的方法； 6. 实施全过程造价管理（咨询）； 7. 探索建立工程造价咨询企业信用与执业人员信用挂钩制度； 8. 推广职业保险制度
25	茂名市保利东江小区三期五标土建及水电安装工程	茂名市	茂名保利弘盛房地产开发有限公司	1. 改革最高投标限价的编制方法； 2. 改进工程量清单计价规则； 3. 完善施工合同条款； 4. 探索造价指标分析与整理的方法
26	肇庆市第一中学江滨分校建设工程	肇庆市	肇庆市端州区教育局（代建单位：肇庆市端州区代建项目管理中心）	1. 完善施工过程结算相关规则； 2. 探索造价指标分析与整理的方法
27	肇庆市鼎湖区教师发展中心研训楼	肇庆市	肇庆市鼎湖区教育局（代建单位：肇庆市鼎湖区代建项目管理中心）	1. 实施合同动态管理； 2. 探索造价指标分析与整理的方法； 3. 探索建立工程造价咨询企业信用与执业人员信用挂钩制度
28	港湾名庭 1#、2# 及地下室	肇庆市	肇庆市新地置业有限公司	1. 编制投资控制分解书； 2. 探索目标成本确定的相关规则； 3. 实施全过程造价管理（咨询）
29	山水幼儿园	清远市	清远市允立酒店管理有限公司	1. 编制投资控制分解书； 2. 实施限额设计； 3. 改革最高投标限价的编制方法； 4. 完善施工过程结算相关规则； 5. 探索造价指标分析与整理的方法； 6. 推广职业保险制度

续表

序号	项目名称	项目所在地市	建设单位	改革内容
30	高铁新城核心区已建市政设施补短板项目	潮州市	潮州市潮安区宝山投资开发有限公司	1. 探索市场询价的相关规则； 2. 完善施工过程结算相关规则； 3. 探索造价指标分析与整理的方法
31	翔顺筠州小镇花园叁号院8幢（含地下室、商铺）	云浮市	新兴县翔顺利佳置业有限公司	1. 改革投资估算编制方法； 2. 编制投资控制分解书； 3. 探索目标成本确定的相关规则； 4. 实施限额设计； 5. 改革概算编制方法； 6. 制定设计与计价相适应的方法； 7. 改革最高投标限价的编制方法； 8. 探索清标的相关规则； 9. 探索回标的相关规则； 10. 探索市场询价的相关规则； 11. 探索评判报价合理性的相关规则； 12. 完善施工合同条款； 13. 完善施工过程结算相关规则； 14. 实施合同动态管理； 15. 探索造价管理绩效评价方法； 16. 探索造价指标分析与整理的方法； 17. 实施全过程造价管理（咨询）； 18. 探索建立工程造价咨询企业信用与执业人员信用挂钩制度； 19. 推行工程造价咨询成果质量终身责任制； 20. 推广职业保险制度

附件2 试点项目改革任务工作进展表

建设单位盖章： 联系人及手机号码： 填报日期：

项目名称	建设单位	工程实施进度	改革任务	改革任务进展情况	存在问题	下一步计划	工作建议

备注：1. 工程实施进度填写项目建设主体工程的决策、设计、施工、竣工等阶段。
2. 改革任务按试点项目申报拟实施的改革任务逐项填写。
3. 改革任务进展情况填写每项改革任务的主要工作情况、采取措施和成效。其中成效应具体化，如制定估概算编制办法、发布最高投标限价市场化编制指引、改进工程量清单计价规则、形成企业合同专有条款、编制市场询价操作规则、出台造价管理绩效评价标准等。
4. 存在问题填写推进落实改革任务过程中遇到的问题和困难。
5. 下一步计划填写开展改革任务的工作事项安排计划。
6. 工作建议填写解决问题的建议。
7. 本表同时向项目所在地市住房城乡建设主管部门报送。